Neue Orientalische
Bibliothek

DSCHALALUDDIN RUMI

Gedichte aus dem Diwan

Ausgewählt, aus dem Persischen übertragen
und erläutert von Johann Christoph Bürgel

VERLAG C. H. BECK

Dieses Buch ist eine überarbeitete und erweiterte Ausgabe des Bandes: Dschalaluddin Rumi, Licht und Reigen. Gedichte aus dem Diwan des größten mystischen Dichters persischer Zunge. Ausgewählt, übertragen und erläutert von Johann Christoph Bürgel, Bern 1974.

© Verlag C.H. Beck oHG, München 2003
Gesamtherstellung: Kösel, Kempten
Signet: Karl Schlamminger, München
Gedruckt auf säurefreiem, alterungsbeständigem Papier
(hergestellt aus chlorfrei gebleichtem Zellstoff)
Printed in Germany
ISBN 3 406 51027 2

www.beck.de

Inhalt

Einführung

Der Name Rumis ist heute auch in Europa und Amerika nicht mehr unbekannt. In den USA steht er dank einer erfolgreichen Bearbeitung durch den amerikanischen Lyriker Barks auf den Bestsellerlisten – Kritiker sagen allerdings, daß es sich dabei eher um Barks als um Rumi handele. Wie auch immer, es bleibt ein erstaunliches Phänomen, daß ein Dichter, der im 13. Jahrhundert im entfernten Konya gelebt hat, noch heute wie kaum ein anderer persischer Dichter eine derartige Faszination auf moderne Menschen ausübt, darunter zahlreiche christliche oder auch dem Christentum entfremdete, mehr oder weniger säkularisierte Europäer und Amerikaner. Die hier präsentierte Anthologie mag dem Leser eine Ahnung davon vermitteln, was die Ursachen dieser Faszination sind: ein symbolisches Weltverständnis, eine kraftvoll sinnliche Bildwelt, die doch nie am Sinnlichen haften bleibt, sondern auf dahinter verborgene Wirklichkeit hinweist, ein in rauschhafter Sprache ausgedrücktes Durchdrungensein von der Allgegenwart Gottes und nicht zuletzt die Liebe zum mystischen Freund, der Schmerz über seinen Verlust und die Beschwörung des Entrissenen in der dichterischen Phantasie.

Das Leben Rumis

Muhammad Dschâlaluddîn Rûmî trug einen der damals üblichen mit *dîn,* «Religion», zusammengesetzten Namen, die ihre Träger als Muslime definierten: «Macht der Religion» bedeutet dieser Name, dem Rumi bis auf den heutigen Tag, also während mehr als sieben Jahrhunderten, Ehre gemacht hat. *Rumi* bezieht sich auf Rûm, wie die Muslime das von Byzanz, d. h. Ostrom, beherrschte Gebiet Kleinasiens nannten. Der heute bei orientalischen Freunden des Dichters bevorzugte Name lautet Maulâna, «unser Herr», bzw. in türkischer Aussprache Mewlâna, wovon sich wiederum der Name des von Rumi gegründeten Ordens der Tanzenden Derwische, der Mevlevis, ableitet. Im Westen hat sich der kürzere Name Rumi durchgesetzt.

Rumi wurde im Jahre 1207 in Balch, der Bactria des Altertums, an der Nordgrenze des heutigen Afghanistans, als Sohn des angesehenen Predigers Bahâ'uddîn, «Glanz der Religion», geboren. Seine Familie floh vor den Mongolen, die bald darauf Balch ebenso wie zahllose andere blühende Städte Persiens dem Erdboden gleichmachten. Die Flucht gestaltete sich zur Pilgerfahrt, und an diese schlossen sich Jahre des heimatlosen Umherschweifens, unterbrochen von Aufenthalten in verschiedenen Städten Persiens und Kleinasiens, an. In Nischapur sollen die Emigranten dem greisen 'Attâr, einem der größten mystischen Dichter Persiens neben Rumi, begegnet sein. Der habe den schlummernden Genius erkannt, dem Knaben ein Exemplar seines *Asrârnâme* («Buch der Geheimnisse») geschenkt und ihn, wie Goethe im *West-östlichen Divan* sagt, «zu heiligen Studien entzündet». Nach Vollführung der Wallfahrt nach Mekka dauerte es noch mehrere Jahre, bis Vater und Sohn endlich den Ort erreichten, der für Dschâlaluddîn zur dauernden und sein Schicksal bestimmenden Bleibe werden sollte. Die Familie begab sich in das Gebiet der Rumseldschuken, einer türkischen Dynastie, die, von Zentralasien kommend, im 11. Jahrhundert zunächst in Persien und später auch in Kleinasien einfiel, wo der hier zur Macht gelangte Zweig der Dynastie dem Namen das unterscheidende «Rum» hinzufügte. Es folgten längere Aufenthalte in den Städten Sivas, Akşehir und Larende. Hier, in Larende, heiratete der

inzwischen zum jungen Gelehrten herangereifte Dschâlalud-
dîn seine Frau Dschauhar Chatun, und hier kam 1206 sein
ältester Sohn Sultan Walad (in türkischer Aussprache Veled)
zur Welt, der später die Biographie des Vaters in Versen ver-
fassen und den von jenem gegründeten Orden der Tanzenden
Derwische organisieren sollte.

1228 gelangte die Familie nach Konya, und zwar auf Ersu-
chen des dort regierenden Seldschuken-Sultans 'Alâ'uddîn
Kaikubâd (reg. 1219–1236), der Baha'uddin als Prediger und
Theologieprofessor in Dienst nahm. Die Stadt war durch
Kaikubâds Vorgänger Kaikâ'ûs eben mit Königspalast und Zi-
tadelle ausgestattet worden; die ebenfalls von jenem begrün-
dete große Moschee vollendete Kaikubâd im Jahr 1220. So
herrschte damals, wie Arberry feststellt, «a sort of metropoli-
tan life» in Konya.¹ Zwei Jahre später starb der Vater, und
der Sohn übernahm seine Stelle.

Rumi geriet nun erstmals unter den Einfluß eines mysti-
schen Lehrers, eines Schülers seines Vaters namens Burhânud-
dîn («Beweis der Religion»). Das Lehrer-Schüler-Verhältnis
bestand neun Jahre lang bis zum Tode des Meisters. In dieser
Zeit reiste Rumi, zum Teil in Begleitung von Burhânuddîn,
nach Aleppo und Damaskus und dürfte damals Ibn 'Arabî,
dem größten und einflußreichsten spekulativen Denker der
islamischen Mystik, begegnet sein, der 1230 erstmals nach
Damaskus kam und dort 1240 verstorben ist. Spuren von Ibn
'Arabîs Denken finden sich in reichem Maße in Rumis Dich-
tung und Weltdeutung.

Weitere fünf Jahre vergingen, bis im Jahre 1244 – Rumi war
nun 37 Jahre alt – der Wanderderwisch Muhammad Schams-
uddîn («Sonne der Religion») aus Tabris, kurz Schams-i Tabris
(oder Tabrisi), «Die Sonne von Tabris», genannt, im Chan der
Zuckerbäcker zu Konya abstieg und mit Rumi zusammentraf.
Diese Begegnung verwandelte Rumis Leben, ließ ihn höchstes
Entzücken und tiefste Verzweiflung erleben, wie sie nur in einer

großen ekstatischen Liebe erfahrbar sind. Obwohl ein stark erotisches Element im Spiel war, darf man doch nicht an eine gewöhnliche Männerfreundschaft denken, vielmehr an eine Beziehung, in der Sinnliches und Geistiges unauflöslich verschmolzen. Schams war ungeachtet seiner weitgehend in Dunkel gehüllten Herkunft eine gewaltige, eigenwillige Persönlichkeit. Er hatte ein langes Wanderleben hinter sich, war einigen der berühmtesten Mystiker seiner Zeit begegnet, hatte aber seinen Meister noch nicht gefunden. «Gibt es denn kein erschaffenes Wesen unter Deinen Erwählten, das meine Gesellschaft ertragen könnte?» Diese für sein übersteigertes Selbstbewußtsein charakteristische Frage soll er Gott in einem Gebet gestellt haben. In Rumi fand er den ersehnten Partner. Rumi war so hingerissen von dem neuen Freund, daß er seine Familie und seine Jünger vernachlässigte. Und es dauerte nicht lange, bis dies im Kreise der letzteren Mißfallen und Eifersucht erregte. Angesichts der wachsenden Schwierigkeiten entwich Schams nach Damaskus. Rumi, der ohne den Freund seiner Ruhe beraubt war, schickte seinen Sohn Sultan Walad, ihn zur Rückkehr zu bewegen, was auch gelang. Kaum aber war der Ersehnte wieder in Konya, fesselte er den Dichter sogleich erneut an sich, und die alten Spannungen brachen noch heftiger aus. Sultan Walad schreibt im *Waladnâme,* der Biographie seines Vaters, seit Adam habe es in der Welt Heilige und mystische Liebende gegeben, und die Menschen – mit Ausnahme der Vertreter bloß äußerlicher Gelehrsamkeit – hätten jene auch als solche erkannt. Über dieser Welt der Heiligen aber gebe es eine noch verborgenere, den «Standort des mystischen Geliebten» (*maqâm-i ma'shûq*), wovon aber vor Schams niemand etwas gewußt habe. In diese höhere Welt habe Schams seinen Vater eingeführt. Die Empörung der Jünger war freilich mit solchen Theorien nicht zu beschwichtigen. Schams heiratete eines der im Haus Rumis erzogenen Mädchen namens Kîmiyâ, «Elixier», und er hat sie anscheinend sehr geliebt. Doch Kîmiyâ starb

1248, und bald darauf, oder vielleicht auch schon kurz vorher,[2] verschwand Schams selber – und nun ohne Rückkehr. Zuerst glaubte man, er sei wiederum in Damaskus, und Rumi selber machte sich dorthin auf, um ihn zu finden, doch vergebens. In Wirklichkeit war der von Rumi fast göttlich verehrte Derwisch ermordet worden, vermutlich von eifersüchtigen Jüngern und jedenfalls unter Mitwirkung eines der Söhne Rumis. Rumi versank in tiefste Verzweiflung. Er ergab sich dem Tanze und der Musik in einem Maß, das selbst der Sohn in seiner Biographie als befremdlich empfindet. Schließlich aber entdeckte er den Verlorenen in sich selber. Sultan Walad berichtet diese Wendung mit folgenden Versen:

> Schams-i Tabris er in Damaskus nimmer fand,
> hat in sich selbst wie Mondglanz ihn erkannt.
> Er sprach: «Naht auch der Freund im Leibe nicht,
> ohn' Leib und Geist wir beiden sind *ein* Licht!
> Gleich, ob du ihn siehst, oder aber mich –:
> Ich bin, o Sucher, er, und er ist ich!»[3]

Das war die seit den 'Udhriten in der arabischen Liebesdichtung und seit Hallâdsch auch in der mystischen Dichtung besungene Verschmelzung der Liebenden, die freilich oft nur um den Preis des Todes zu verwirklichen ist.

So erfuhr Rumi die von Ibn 'Arabî verkündete «Einheit des Seins» im persönlichsten Erleben. Und die Frucht dieses Erlebens war eben der lyrische Diwan, oder jedenfalls ein wesentlicher Teil davon. Schamsuddin blieb jedoch nicht der einzige mystische Freund Rumis; vielmehr hatte er zwei Nachfolger aus Fleisch und Blut, nämlich den schönen und bescheidenen, aber wenig gebildeten Goldschmied (*zarkûb*) Farîdûn Salâhuddîn («Heil der Religion»), der den Dichter, wie es heißt, durch den rhythmischen Klang seines Hammers zu Versen inspirierte, und schließlich Husâmuddîn («Schwert der Religion»), der zum Inspirator jenes großen mystischen Lehrgedichtes, des *Mathnawi* (türk. Mesnevi), wurde, das für alle des Persischen kundigen Mystiker eine unerschöpfliche Quelle der Belehrung und Erbauung darstellt und zu Recht als «Bibel der Sufis» bekannt ist. Rumi diktierte Husâmuddîn, dem Freund seiner letzten zehn Lebensjahre und ersten Nachfolger in der Leitung des Ordens, die gesamten 26000 Verse des *Mathnawi*; und er tat dies, wie die Quellen berichten, bei jeder Gelegenheit: beim Tanz, beim Spaziergang, ja selbst im Bad oder mitten in der Nacht. Als Rumi 1273 starb, übernahm Husâmuddîn, nun mit dem Titel Çelebi geehrt, die Leitung des Ordens, in der ihn später Sultan Walad ablösen sollte.

Rumi hat nach dem Verschwinden von Schams Konya wohl nicht mehr verlassen. Er unterhielt gute Beziehungen zum Seldschukenhof, wo ihn auch die Damen schätzten und verehrten. Die Dynastie der Seldschuken geriet allerdings zu seinen Lebzeiten in politische Abhängigkeit von den Mongolen, die unterdessen auch Kleinasien erobert hatten. Der Überlieferung nach war es nur der übernatürlichen Autorität Rumis, der Mächtigkeit eines Heiligen, zu verdanken, daß Konya die Plünderung und die Niedermetzelung der Bevölkerung durch die Mongolen erspart blieben.

Inzwischen war auch der Kreis der Anhänger und Verehrer Rumis immer größer geworden, das Kloster war gegründet; doch die eigentliche Organisation des Ordens der Tanzenden Derwische ging erst von seinem Sohn Sultan Walad aus, der zehn Jahre nach dem Tod des Vaters auf Drängen der Jünger die Scheichswürde annahm und sie drei Jahrzehnte lang, bis zu seinem Tod im Jahre 1312, bekleidete.

Das Leben unseres Dichters war bald nach seinem Tod von Legenden umrankt. Wunderkräfte waren und sind bei islamischen Mystikern gewissermaßen an der Tagesordnung, wenn wir den hagiographischen Quellen Glauben schenken dürfen. Zum islamischen Heiligen gehören die Dimensionen des «vollkommenen Menschen», wie sie in der Prophetologie des

Koran angelegt und in der mystischen Tradition entfaltet worden sind.[4] Rumi stattet mit ihnen in seiner Dichtung sowohl den Freund wie auch sich selber aus, erwähnt jedoch selten konkrete Wunder. Auch stellt sich die Frage, ob er sich selber meint, wenn er «ich» oder «wir» sagt. Legt er doch viele seiner Gedichte dem Freund Schams-i Tabris in den Mund, benutzt dessen Namen im letzten Vers eines Ghasels als *Tachallus* (Signatur), da, wo die anderen persischen Dichter ihren eigenen Dichternamen nennen. Und sein ganzer Diwan trägt den Namen *Dîwân-i Shams-i Tabrîz*. Wie auch immer, die nur wenige Jahrzehnte nach Rumis Tod geschriebene Vita Rumis in den «Verdiensten der Gnostiker» (*Manâqib al-'ârifîn*) aus der Feder Aflâkîs, eines Schülers eines Enkels des Meisters, schreibt Rumi grandiose Wunder zu. So schreitet er einmal vor den Augen seiner Frau von der Terrasse seines Hauses aus in die Luft und hat, als er nach einigen Stunden zurückkehrt, Sand vom Hidschas in den Schuhen,[5] den man dann als Augensalbe benutzt.[6]

Vom Wesen islamischer Mystik

Der Islam ist von Haus aus eine Gesetzesreligion. Das religiöse Gesetz mit seinen detaillierten Vorschriften regelt das Leben der Gläubigen zunächst über die fünf sog. Grundpfeiler des Islam: die rituelle Reinigung, das Gebet, das Fasten im Monat Ramadan, die Armensteuer und die Pilgerfahrt nach Mekka und Medina. Darüber hinaus gibt es Vorschriften zu zahllosen Einzelheiten des Alltags vom Aufstehen bis zum Schlafengehen, von der Beschneidung bis zu den Totengebeten, Bestattungsriten und Erbschaftsregelungen, von Heirat und Beischlaf bis zur Scheidung, von der Behandlung nicht-muslimischer Untertanen bis zu Fragen des Heiligen Krieges, etwa die Pflicht zur Teilnahme, die Behandlung der Gefangenen, die Verteilung der Beute etc. Dieses Gesetz bildet «die entscheidende Ausprägung islamischen Denkens, den Wesenskern des Islam überhaupt». So wenigstens urteilt eine anerkannte Autorität auf dem Gebiet des islamischen Rechts.[7] Doch wer so urteilt, übersieht die enorme Bedeutung der islamischen Mystik. Sie ist der Gegenpol des Gesetzes – ein Gedanke, der auch in der mystischen Dichtung, oft mittels des Begriffspaars «Vernunft» und «Liebe», immer wieder betont worden ist.

> Die Liebe und der Leichtsinn – das schien ein leichtes Lernen;
> Bald aber galt's, das Leben auf diesem Weg zu wagen.
> Halladsch am Galgen wußte gut diesen Punkt zu deuten;
> Bei Schafi'i such keinen Bescheid auf solche Fragen![8]

In diesen Versen des großen persischen Lyrikers Hafis wird Hallâdsch als Vertreter der Mystik Schafi'i als dem Begründer einer der vier anerkannten Rechtsschulen des orthodoxen Islam gegenübergestellt. Das Geheimnis der Liebe weiß nur der Mystiker zu deuten. Leichtsinn (*rindî*) aber bezeichnet jenen Rausch und jene «Tollheit», die mit der Liebe des Mystikers immer verbunden sind. Liebe ist die «Grundbefindlichkeit», jener «göttliche Wahnsinn», von welchem schon Platon im *Phaidros* redet.[9] Es ist dieselbe Liebe, welche bei Plotin, dem Vater des Neuplatonismus, zum Namen für die Sehnsucht der Seele nach ihrem himmlischen Ursprung wurde. Rumi drückt es einmal so aus:

> Gar vieles lernt die Seele von der Liebe,
> was man in keiner Schule lernen kann.
> Verstand ahnt's nicht und staunt der Liebe Lehre,
> ob er gleich alle Lehren hat studiert.[10]

Das neuplatonische Element ist das wichtigste unter den mancherlei Einflüssen, die die islamische Mystik in sich aufnahm.

Es ist auch bei Rumi auf Schritt und Tritt greifbar. Aber so fremd diese Lehre dem legalistischen Islam zu sein schien, so suspekt sie in den Augen orthodoxer Theologen und Juristen tatsächlich immer blieb, den Mystikern gelang es, alles, was sie vom Neuplatonismus lernen konnten, auch im Koran zu entdecken: Gott ist «Licht über Licht», das «Licht des Himmels und der Erde» (Sure 24,35); wo immer wir uns hinwenden, erblicken wir Sein Antlitz (2,109); Er ist uns näher als unsere Halsschlagader (50,15); wir sind Gottes und wir kehren dereinst zu Ihm zurück (2,151); die ganze Schöpfung ist ein Gleichnis (2,159 u.ö.).

Dieses und vieles andere entdeckten die Mystiker im Koran. Gleichzeitig freilich führten sie eine neue, verinnerlichte Form der Ausdeutung ein, d.h., sie betrachteten den Koran genauso wie die übrige Welt sowohl von außen als auch von innen, wie dies Philon von Alexandrien schon im 1.Jahrhundert n.Chr. mit dem Alten Testament getan hatte.[11]

Um ein Beispiel für diese Art der Exegese zu geben, wählen wir die Deutung des vom Jesusknaben vollbrachten Vogelwunders, das an zwei Stellen des Korans berichtet wird (Sure 3,43 und 5,110). Es handelt sich um eine aus christlichen Apokryphen stammende Überlieferung. Das Jesuskind formt aus Ton einen Vogel und macht ihn dann lebendig, indem es ihm seinen Odem einhaucht. In der Erklärung Ibn 'Arabîs, auf den wir später zurückkommen, bedeutet nun der tönerne Vogel die durch mystische Läuterung für die höchste Erkenntnis der Wahrheit sich rüstende, aber vorerst noch an das Irdische gefesselte Seele. Erst nachdem ihr das göttliche Wissen eingehaucht ist, wird sie zum lebendigen Vogel, d.h. zu einer aus der Haft des Irdischen befreiten Seele, die sich auf den Flügeln der Sehnsucht zu Gott emporschwingt.[12]

Auf ähnliche Weise wird Rumi z.B. der Zuber (*dalw*), in welchem Kaufleute den von seinen Brüdern in den Brunnen geworfenen Joseph emporzogen, zum Symbol für die Befreiung der Seele aus dem Schacht der Leiblichkeit.[13] Oder die schwangere Maria dient ihm als Symbol für den Menschen, der den Jesus seiner Seele, sein eigenes höheres Selbst, «gebären» soll.[14]

Diese Sichtweise, diese Dichotomie der Welt in Außen und Innen, ermöglichte es der islamischen Mystik, den engen Fesseln der Orthodoxie zu entrinnen. Sie öffnete, indem sie den Weg nach innen fand, die Pforten in die Weiten der Unendlichkeit. Sie schaffte Raum für ein neues Verständnis des Koran und der Riten, für neue Formen des Gemeinschaftslebens, ja sie entfaltete eine neue Weltanschauung und Anthropologie und legte nicht zuletzt den Grund für eine großartig inspirierte Poesie.[15] So hat Louis Massignon recht, wenn er urteilt: «Nur Dank der Mystik ist der Islam eine universale Weltreligion.»[16]

Wie dies alles aus der einfachen Dichotomie von Innen und Außen herauswächst, soll im folgenden noch näher beleuchtet werden, wobei wir uns mehrfach auf Ibn 'Arabî berufen werden, ohne dessen mystische Theorien Rumis Gedankenwelt kaum erklärbar wäre. Ibn 'Arabî wurde 1165 in Murcia im damals islamischen Spanien geboren, verbrachte später 30 Jahre als Rechtsgelehrter in Sevilla und – nach einer Reise zu den heiligen Stätten – die restlichen Jahre seines Lebens in Damaskus, wo er, wie wir oben bereits erwähnten, vermutlich Rumi begegnete und im Jahre 1240 verstorben ist.

Aus der Anwendung der dichotomischen Vorstellung von Innen und Außen auf die religiösen Riten, Zeremonien und heiligen Schriften folgt für ihn die Auffassung, daß diese nur Formen seien, die in den einzelnen Religionen zwar äußerlich verschieden erscheinen, immer aber die gleichen göttlichen Wahrheiten beinhalten. Hieraus wiederum folgt die Achtung anderer Bekenntnisse und damit jene religiöse Toleranz, wie sie in Versen mystischer oder von der Mystik beeinflußter Dichter – zu denken ist vor allem an Hafis! – immer wieder gefordert und verherrlicht worden ist.

Ibn 'Arabî formuliert dieses Postulat folgendermaßen: «Hüte dich, daß du dich an eine bestimmte Bekenntnisformel anbindest und jede andere zurückweisest, wodurch dir viel Gutes, ja sogar das Wissen von der wahren Wesenheit Gottes entginge. Betrachte deine Seele als einen [zur Annahme der verschiedenen Formen bereiten, qualitätlosen] Urstoff für die Formeln aller Glaubensbekenntnisse. Denn Gott ist umfassender und größer, als daß ihn ein [bestimmtes] Bekenntnis mit Ausschluß eines anderen einschließen könnte; wie er selbst sagt: ‹Und wohin immer ihr euch wendet, dort ist Gottes Antlitz› (Sure 2,109), – er erwähnt kein bestimmtes Wohin. Hingegen sagt er, daß überall das Antlitz Gottes, d.h. seine wahre Wesenheit, gegenwärtig ist. [...] Daraus wird klar, daß Gott sich in allen Richtungen kundgibt; in denselben äußern sich die [formellen] Glaubensbekenntnisse; jedes derselben trifft das Richtige, und wer das Richtige trifft, wird des Lohnes teilhaftig; und jeder des Lohnes Teilhaftige ist selig und des Wohlgefallens [Gottes] sicher.»[17]

Die dichotomische Betrachtung der erschaffenen Welt läßt die sichtbaren Erscheinungen, die Pflanzen und Tiere, Mineralien und Gestirne, aber auch die menschlichen Handlungen als Symbole erscheinen, die auf verborgene höhere Schichten des Seins hindeuten. Es ist klar, und wir haben oben bereits kurz darauf verwiesen, daß sich der poetischen Phantasie hiermit ein schier unbegrenzter Spielraum jenseits aller realistischen Wirklichkeitsbeschreibung auftat, jene letztlich im Neuplatonismus wurzelnde Möglichkeit symbolischer Weltsicht und -deutung, die noch für Goethe eine unentbehrliche Basis seines poetischen Schaffens war. Der unsere Anthologie beschließende Rumi-Vers zeigt, wie sehr unser Dichter sich diese Weltsicht zu eigen gemacht hat:

Dies alles sind Symbole, die bedeuten,
daß jene Welt herab in diese Welt kommt.

Noch einmal sei Ibn 'Arabî zitiert: «Er ist es, der in jedem geliebten Gegenstand dem Auge jedes Liebenden erscheint, und ebenso liebt keiner etwas anderes als seinen Schöpfer, aber er entzieht sich den Blicken durch die Liebe zu Zainab, Su'ad, Hind und Laila, zu den irdischen Gütern, dem Geld, der Ehre und allem, was in der Welt geliebt wird. Die Dichter reden von allen möglichen Dingen, ohne zu wissen (was sie eigentlich sagen); die Gotteskundigen aber beziehen alle Dichtung, jedes Rätsel, jedes Lob und jedes Liebesgedicht auf Ihn hinter dem Schleier der Formen, denn Gott wacht eifersüchtig darüber, daß nichts außer Ihm geliebt werde.»[18]

Ibn 'Arabî entwickelt aus besagter Dichotomie eine spezielle Anthropologie. Er geht aus von dem Verhältnis der Universalien, der allgemeinen Begriffe, zu den Einzeldingen, das, so sagt er, der Beziehung von Innen und Außen entspricht. Die Universalien besitzen keine sichtbare Existenz, sie existieren nur im Verstand, in der Vorstellung. Sichtbar aber werden sie in den Einzeldingen, deren Maß und Motor sie sind. Ebenso verhalten sich nun auch Gott und Mensch, Gott und die Schöpfung zueinander. Gott ist der *bâtin*, das Innen, dessen *zâhir* = Außen die Schöpfung und insbesondere der Mensch ist. Umgekehrt gesagt: Das Innen des Menschen ist Gott. Ohne die Schöpfung hätte Gott kein Außen, träte er nicht in Erscheinung. «Ich war ein verborgener Schatz und wollte erkannt werden; darum erschuf ich die Schöpfung, um durch sie erkannt zu werden.» So lautet ein berühmtes, von den Mystikern oft angeführtes außerkoranisches Gotteswort. Die Welt ist der Spiegel, in dem Gott sich und dem Menschen erscheint. Der Mensch ist der Liebende, durch welchen Er sich selber liebt, durch dessen Mund Er sein eigenes Lob singt, durch dessen Auge Er sein Außen betrachtet. Gott und Mensch sind nahezu identisch, sie besitzen das gleiche notwendige Sein, abgesehen von dem allerdings entscheidenden Unterschied, daß Jener durch sich selber, dieser dagegen durch Jenen existiert.[19]

Hier macht Ibn ʿArabî nun aber eine wichtige Einschrän-
kung. Nicht in jedem Menschen sind die beiden Aspekte, «die
Form der Welt und die Form der Wahrheit» (d.h. Gott), glei-
chermaßen vorhanden, vielmehr nur in jenen, die zur höch-
sten Vollendung gelangt sind, den – wie der aus der Gnosis
übernommene Ausdruck lautet – «vollkommenen Menschen».
Zu ihnen zählen die im Koran genannten Propheten sowie
große Heilige und große Mystiker. Ibn ʿArabî hielt sich selbst
ebenfalls für einen von ihnen; berichtet er doch häufig von sei-
nen Gesprächen mit Muhammad und anderen Propheten, ja
sogar mit Gott selber.

Der vollkommene Mensch hat übernatürliche Macht. Er
steht als «Pol» an der Spitze der unsichtbaren Hierarchie der
Heiligen; er regiert die Welt, ja den gesamten Kosmos. Sein
Licht erleuchtet die Sterne; die Sehnsucht nach ihm hält das
Leben in Gang. Er ist der sichtbare Aspekt des unsichtbaren
Gottes.[20]

Die Lehre vom vollkommenen Menschen, ein Sonderaspekt
der besagten Dichotomie, bildet einen der wichtigsten Schlüs-
sel zum Verständnis Rumis sowohl als Dichter als auch als
Mensch. Denn Rumi begegnet dem sich seit Adam immer er-
neut verkörpernden Archetyp des vollkommenen Menschen in
seinem «mystischen Freund», erlebt ihn also unmittelbar ge-
genwärtig und besingt und verherrlicht ihn in seiner Dichtung
als «den Freund», damit einen literarischen Typus schaffend,
der für die gesamte spätere persische Poesie von zentraler
Bedeutung werden sollte. Denn wie anders sollte man eine
Aussage wie die folgende verstehen – ein Vierzeiler Rumis, der
stellvertretend für zahllose ähnliche Aussagen diesen Ab-
schnitt beschließen möge:

Das Schatzhaus der Geheimnisse von Gott erdacht sind wir.
Des grenzenlosen Ozeanes Perlenschacht sind wir.
Das Wesen, das vom Fisch zum Mond die Welt entfacht, sind wir.
Die Inhaber des Herrscherthrons der höchsten Macht sind wir.[21]

Zu Rumis Diwan-Lyrik

Rumis Diwan ist, wir sagten es bereits, im wesentlichen dem Andenken seines Freundes Schams-i Tabris oder Tabrisi, kurz Schams, gewidmet, enthält daneben aber auch einige Gedichte, die dem liebenswürdigen Goldschmied Salâhuddîn sowie dem geistigen Partner der letzten Jahre Husâmuddîn gelten. Andere Gedichte singen das Lob des mystischen Freundes, ohne einen Namen zu nennen, so daß sich, falls nicht eindeutige Anspielungen vorliegen, nicht ausmachen läßt, welcher der drei Gefährten gemeint ist. Eine weitere Gruppe von Ghaselen behandelt Themen des mystischen Gemeinschaftslebens wie den Reigentanz, die Reise der Seele oder andere Gegenstände außerhalb der Beziehung zum mystischen Freund. Als kleines Detail ist bemerkenswert, daß die Anrufung der männlichen Musen in der Regel im letzten Vers eines Ghasels erfolgt. Das ist insofern ungewöhnlich, als der persische Dichter im Schlußvers nicht den Namen eines Freundes, sondern den eigenen *nom de plume* zu nennen pflegt. Rumis Abweichung von diesem Usus hat einen tieferen Grund. Er vollzieht dadurch eine Art *unio mystica* mit dem Freund, manifestiert seine Entwerdung in dem göttlichen Geliebten mit diesem einfachen, aber unmißverständlichen sprachlichen Mittel.

Die Beziehung zum mystischen Freund kann auf sehr verschiedener Ebene zur Sprache kommen. Es gibt Gedichte, in denen sich Rumi in einer Weise der gewohnten Wendungen der erotischen Poesie bedient, daß man meint, ein weltliches Liebesgedicht vor sich zu haben. Da ist von Zuckerlippen, Lockenfesseln, von Küssen und Umarmungen die Rede. Einen ähnlichen weltlichen Eindruck hat man auch von jenen anakreontischen Gedichten, in denen der Freund als Schenk auftritt. Doch die Verwendung von Wein- und Liebessymbolik ist ja in der mystischen Poesie auch des Abendlandes nichts Ungewohntes. Bezeichnend ist, daß Rumi es kaum je versäumt, in solchen Gedichten früher oder später die nötigen Vorzeichen zu setzen, die die mystische Tonart eindeutig festlegen. Hierin liegt ein wichtiger Unterschied zu Hafis, der in vielen seiner Ghaselen das Verhältnis von Sinnlichkeit und mystischer Bedeutung bewußt in der Schwebe läßt. Neben diesen sehr irdisch klingenden Gedichten stehen andere, die in inniger, edler und geläuterter Form die Gottesminne der Seele beschreiben.

Aber nicht nur Wein und Liebe, sondern auch die Erscheinungen der erschaffenen Welt in ihrer Gesamtheit haben für den Mystiker potentiell symbolische Bedeutung, und Rumi macht in hohem Maße davon Gebrauch. Auch das Banalste, wie etwa der Tod seines Esels, ein Gartendieb oder der Duft des Brotes sowie der bekannten, Helwa genannten Süßigkeit – wohl ein Hinweis auf jenen Chan der Bäcker, in welchem Schams abstieg –, bergen für Rumi symbolische Botschaften. Rumi unterscheidet sich von dem großen Strom persischer literarischer Tradition – in der er auch steht und der er die Grundlagen seiner Dichtkunst verdankt – wesentlich dadurch, daß bei ihm eine Metapher nicht einen einzigen festgelegten und bekannten Sinn hat, sondern daß viele seiner Bilder einen ganzen Strahlenkranz von Beziehungen und Anspielungen um sich her entfalten. Die Dinge, die er beschwört, haben für ihn selber, wie nicht anders zu erwarten, neben ihrem Außen ein Innen, oder vielmehr deren mehrere; und Rumis Größe zeigt sich unter anderem gerade darin, daß es ihm gelingt, mit kürzesten Chiffren eine Vielfalt von Assoziationen an ein einzelnes Wort oder Bild zu knüpfen, in einen einzigen Vers zu bannen. Ein schönes Beispiel ist etwa der folgende Vers aus einem Frühlingsgedicht.

> Vom Turkistan jener Welt kam eine Schar schöngesichtiger
>   Türken
> ins Hindustan von Wasser und Lehm auf Befehl des Fürsten.[22]

Das plastische Bild spielt auf mehreren Ebenen, es evoziert folgende Assoziationen: (1) die historische Eroberung Indiens und seiner schwarzen heidnischen Bewohner durch weiße, schöngesichtige, muslimische Türken; (2) das Geschehen des Frühlings: Weiße Blüten erobern die schwarze Erde; (3) die religiöse Umwandlung: Das Licht des Glaubens erobert die Schwärze des Unglaubens; (4) ein entsprechendes Geschehen auf philosophisch-gnostischer Ebene: Die Lichtwelt der Seele erobert die Finsternis der Materie.

Einen kurzen Hinweis verdient schließlich die Kunst Rumis, Wortspiele für seine symbolische Weltdeutung zu nutzen.[23] Ganz allgemein gilt, daß die von anderen Dichtern oft als bloße Verzierung, als bloßes artistisches Schaustück produzierten rhetorischen Figuren bei Rumi eine – häufig nicht unmittelbar zutageliegende, sondern erst zu entdeckende – Tiefendimension besitzen. Beispiele finden sich etwa im häufigen Spiel mit der Paronomasie, dem Gleichklang zweier Wörter mit verschiedener Bedeutung, z. B. *mîram,* was sowohl «ich sterbe» als auch «ich bin Fürst (Emir)» bedeutet. Indem Rumi diese beiden gleichklingenden Phoneme in den zwei Reimen eines Eröffnungsverses benutzt, verdeutlicht er lautlich, was der erste Vers auch sinngemäß ausdrückt:

O selig der Tag, da vor dir, o mein Sultan, ich sterbe![24]

Oder aber:

O selig der Tag, da ich vor dir, o mein Sultan, Emir bin!

Der Gleichklang symbolisiert die Tatsache, daß der Mystiker durch den Tod, den Rumi darum auch gelegentlich als Hochzeit bezeichnet,[25] zur Vereinigung mit dem göttlichen Geliebten gelangt, also sterbend zum Fürsten wird. Obwohl dann im weiteren Verlauf des Ghasels jeweils eindeutig vom Sterben die Rede ist, ruht die versteckte Bedeutung[26] des Fürstseins wie ein mystischer Glanz auch auf allen folgenden Versen.

In unserer Anthologie haben wir versucht, ein möglichst breites Spektrum Rumischer Poesie zu vermitteln. Gedichte, die tief hinabtauchen in irdische Sinnlichkeit, ja in die Tragikomik des Alltags – Rumi offenbart mitunter einen skurrilen Humor –, wurden nicht ausgeschlossen; sie stehen neben den höchsten Verklärungen des mystischen Freundes und neben Stücken, die, völlig frei von dieser Beziehung, einfach mystisches Erleben, Gottesminne sowie mystische Weltdeutung, etwa in den großartigen Frühlingsbeschreibungen, zum Inhalt haben.

Neben dem Ghasel wurde der Vierzeiler (*rubâ'î*) in stattlicher Zahl berücksichtigt – eine von Rumi virtuos gemeisterte Kleinform.[27] Das, was im Ghasel breit und nicht selten weitschweifig ausgeführt wird, verkürzt und komprimiert der Vierzieler zu lakonischen Formeln von mitunter außerordentlicher Prägnanz und poetischer Dichte.

Unsere Anordnung orientiert sich, ohne das Prinzip zu strapazieren, an der Reise der Seele vom himmlischen Ursprung hinab in die Welt der Materie mit ihren Leiden und Verstrickungen, Sehnsüchten und Entfesselungen bis hin zu Tod und Grab als dem Durchgangstor zur himmlischen Heimat, zur Hochzeit mit der Ewigkeit und dem Jubel der *unio*.

Die ausgewählten Gedichte, 106 an der Zahl, sind zum Teil nur Auszüge, denn Rumi wiederholt sich oft oder schweift ab. Auch ist nicht jeder Vers zum Übertragen geeignet, zumal wenn man den Monoreim des Ghasels beibehält. Dies mußte aber mindestens in einer Reihe von Fällen versucht werden; denn Rumi wirkt durch die Form fast ebenso wie durch den Inhalt. Seine Sprache ist rauschhaft, getragen von einem außergewöhnlichen musikalischen Rhythmus. Hinzu kommt die häufige Verwendung von Binnenreimen, deren gleichmäßige Anordnung zahlreiche Ghaselen fast zu Strophengedichten mit Gürtelreim macht. Alles dies verleiht den Versen einen mitreißenden Schwung, von dem jedoch bei einer Prosa-Übertragung so gut wie nichts übrigbliebe. Es braucht kaum ausdrücklich betont zu werden, daß die poetische Übertragung gewisse Freiheiten bei der Wiedergabe des Wortlautes mit sich bringt. Das Prinzip, das hierbei befolgt wurde, lautet: Freiheit in der Wortwahl, Treue in der Wiedergabe des Sinnes und vor allem der Bilder und Metaphern. Von ihm wurde nur im äußersten Notfall abgewichen, und dann so, daß die Abweichung sich aus der bei Rumi üblichen Bild- und Sinngebung rechtfertigen läßt. Welche Verse übertragen und welche weggelassen wurden, darüber gibt der Quellennachweis im Anhang genaue Auskunft.

Die Botschaft Rumis

Was Rumis Botschaft, auch und gerade an den heutigen Menschen, ausmacht, dürfte durch das bisher Ausgeführte bereits mehr oder weniger klar geworden sein, sei aber hier abschließend nochmals in wenigen Sätzen zusammengefaßt:

(1) Das Göttliche ist überall gegenwärtig. Es waltet vor allem im Menschen selber, dessen Seele zwar von Gott getrennt, aber ein Bestandteil des göttlichen Wesens ist.

(2) Der Mensch lebt von Gott her und zu ihm hin. Die Unruhe, die ihn ständig bewegt, ist nicht die «Grundbefindlichkeit der Angst vor dem Tode», sondern im Gegenteil die unmittelbare Sehnsucht nach Gott, dem Geliebten der Seele. Rumi könnte auf persisch gesagt haben, was der heilige Augustinus so eindrücklich auf lateinisch formuliert hat: *Inquietum est cor nostrum donec requiescat in te* – «Unruhig ist unser Herz, bis es ruht in Dir!»

(3) Überall in der Welt entdeckt der liebende Mystiker Hinweise auf den himmlischen «Freund», sofern sein Auge und sein Herz dafür offen sind. Letztlich aber findet er, was er sucht, im eigenen Herzen, das auch der Spiegel ist, in dem der Geliebte erscheint.

(4) Die irdische Liebe wird dadurch zu einem großen und schönen Symbol.

(5) Für diese Liebe gelten die konfessionellen Schranken nicht; was zählt, ist die Geschöpflichkeit jedes einzelnen Menschen. Rumi ist so auch einer der großen Lehrer interkonfessioneller Toleranz, ungeachtet der Tatsache, daß einzelne seiner Aussagen dem leider nicht entsprechen.

(6) Die Erkenntnis, daß wir von unserem Ursprung getrennt und von Sehnsucht nach ihm erfüllt sind, hilft auch, den Verlust irdischer Güter und namentlich geliebter Menschen zu verwinden. Rumi lehrt zudem, wie dies durch kreatives Nach- und Neu-Erschaffen des bzw. der Entrissenen geschehen kann.

(7) Die Lehre vom vollkommenen Menschen schließlich, so fremd sie uns in ihrer Anwendung auf den mystischen Freund berühren mag, bietet einen Schlüssel für das Verständnis der großen Heiligen und Propheten nicht nur des Islams, sondern der Menschheit insgesamt.

Rumis Botschaft, die Botschaft eines großen Mystikers und genialen Dichters, enthält vieles von dem, worum sich Richtungen der modernen Philosophie, Psychiatrie und Psychosomatik bemühen; sie handelt von jener Liebe, die Teilhard de Chardin als «die höhere Form der menschlichen Energie» bezeichnet hat, die ihm genau wie schon den alten Mystikern und Neuplatonikern – man denke an Dantes Schlußvers in seiner *Divina Commedia*! – als die den gesamten Kosmos bewegende Kraft gilt; und sie handelt damit von jener «zweiten Wirklichkeit», die, obzwar von den «rationalen» Ideologien des 19. und 20. Jahrhunderts hartnäckig geleugnet und oft verhöhnt, von denen, die aus Erfahrung an sie glauben, für das gehalten wird, was den Menschen erst zum Menschen macht.[28]

Einige technische Bemerkungen

Das wichtigste formale Charakteristikum des persischen Gha-
sels ist der Monoreim, d.h. der jeweils vom ersten bis zum
letzten Vers eines Gedichtes gleichbleibende Reim, der zudem
im ersten Vers zweimal – am Ende der beiden Vershälften – zu
erscheinen hat, von da ab jedoch nur noch einmal jeweils am
Ende des Verses. Hinzu tritt häufig ein sogenannter *radîf*, d.h.
ein nach dem Reim unverändert wiederkehrendes Wort oder
eine Folge von Worten. Im ersteren Fall spricht man im Deut-
schen von Echoreim, im letzteren von Kehrreim oder Refrain.
Rumi liebt zudem den Binnenreim, wodurch, wie wir bereits
erwähnten, manche seiner Gedichte wie Strophengedichte mit
einem Kettenreim wirken. Allerdings findet sich bei ihm gele-
gentlich auch das eigentliche Strophengedicht ohne Ketten-
reim. Der Vierzeiler entspricht formal den ersten zwei Zeilen
eines Ghasels, d.h., er hat in der Regel die Reimfolge a a b a,
manchmal aber haben auch alle vier Zeilen denselben Reim
(a a a a). Diese formalen Eigenheiten sind in der Übertragung
soweit wie möglich nachgeahmt. Der persische Vers erscheint
wegen seiner Länge in der Regel in der Übertragung als zwei,
oft aber auch als vier Zeilen (eine deutsche Strophe entspricht
dann einem persischen Vers). In einigen Fällen habe ich auf
den Reim verzichtet, in anderen den Monoreim durch Stro-
phenreim ersetzt, in den übrigen Fällen den Monoreim beibe-
halten.

Großbuchstaben sind absichtlich nicht an jedem Zeilenan-
fang, sondern nur am Anfang jeder einem Vers der Vorlage
entsprechenden Einheit verwendet, wo sie allerdings wegen
Satzbeginn in der Regel ohnehin stehen müßten, da das Satz-

ende üblicherweise mit dem Versende übereinstimmt. Eine Ausnahme bilden in letzterer Hinsicht nur die Vierzeiler, bei denen sich ein Satz oft über mehrere, und mitunter über alle vier Verse erstreckt.

Die Pronomina sind immer dann groß geschrieben, wenn sie sich auf Gott oder den mystischen Freund beziehen.

Gedichte aus dem Diwan

Was ich dichte, ist wie Manna:
eine Nacht schon macht es alt.
Kosten sollst du's, wenn es frisch ist,
eh es Staubes Aufenthalt!
Fehlt dem Herzen Wärme, stirbt es
in der Welt, die ihm zu kalt,
wie ein Fischlein auf dem Trocknen:
Ob's auch zuckt, erstarrt's doch bald.
Willst du wirklich frisch es kosten,
mußt du Würze und Gewalt
neu erträumen; aber wisse:
Traumbild ist nicht Urgestalt!

Das kleine Gedicht ist trotz des schlichten Tones von tiefgründiger Aussage. Sobald die dichterische Idee aus dem Herzen in die Sprache, in die Schrift, und damit in die materielle Welt überführt wird, ist es das «alte Sagen» (*guftan-i kuhan*) nicht mehr. Was im Herzen des Dichters lebendig war, kann vielmehr nur wiederum in den Herzen der Hörer und Leser zum Leben erweckt werden, ohne freilich der Urgestalt gleichzukommen. Genau so aber sind die irdischen Erscheinungen nur ein Abglanz der göttlichen Idee. Es braucht kaum gesagt zu werden, daß dieser Abstand zwischen «altem Sagen» und nachschaffendem Traumbild, wie er zwischen Idee und sprachlicher Realisierung besteht, im Falle der Übertragung in eine andere Sprache gewissermaßen potenziert wird.

Eh' Gärten wurden, ehe Reben
     und Wein ward auf der Erdenflur,
die Seele mein von Gottes Weine
     den Rausch der Ewigkeit erfuhr.
Im Bagdad jener Welt schon tat ich den Ruf:
     «Ich bin die Wahrheit – ich!»,

eh um dies Wort der Haß der Häscher
    zum Galgen hin trieb al-Mansur.
Eh die Weltseele allen Dingen
    die Form aus Lehm und Wasser gab,
kam ich, in Gottes Kloster zechend,
    der Dinge Wesen auf die Spur.
So ward zur Welt denn meine Seele,
    zur Sonne ward ihr Weinpokal,
und von dem Wein der Seele wurde
    mit Licht getränkt die Kreatur.
O Schenke, mach du jene trunken,
    die sich an Lehm und Wasser freun,
laß sie des hohen Glücks gedenken,
    das ihnen anfangs widerfuhr!
Und meine Seele jenem Schenken,
    der heut vom Reich der Seele naht,
auf daß er unserm Blick enthülle,
    was uns verschleiert die Natur!

Das Gedicht handelt von der Präexistenz der Seele. Nach einer alten
islamischen Tradition mischten die Engel bei der Schöpfung den
Lehm Adams mit Wein. Für die Mystiker ist dies der Wein der Er-
kenntnis oder Gnosis, deren die Seele vor ihrer Erdenreise teilhaftig
wird; der Anakreontiker dagegen leitet hiervon die Berechtigung ab,
Wein zu trinken. Für Rumi ist der Rausch aber auch Bild dafür, daß
die Einzelseelen von der Allseele durchtränkt und mithin ein Teil der
absoluten Wahrheit sind, – ein Bewußtsein, das im Jenseits noch in
jeder Seele wach ist, auf Erden aber nur bei einzelnen Heiligen und
Ekstatikern wie dem berühmten Mansur Halladsch, der wegen seiner
kühnen theopathischen Ausrufe von der Bagdader Orthodoxie als
Ketzer verurteilt und 922 gehängt wurde. Dennoch sind Männer wie
Halladsch und Rumi die heimlichen Pole der Welt. Ihre seelischen
Energien halten die Schöpfung in Gang. Bei anderen dagegen geht die
Erinnerung an die himmlische Urheimat verloren. Sie verlieren sich
an die Welt der Erscheinungen, an «Wasser und Lehm». Ihnen ist zu
wünschen, daß der himmlische Schenk, d. h. Gott oder der mystische
Freund, sie aufs neue trunken machen möge.

3

Am Tag des Urvertrages sprach
    der Liebste leise noch ein Wort;
doch keiner ist, der es vermag,
    dies Wort zu rufen in den Sinn.
Er sprach: Um meine Glut zu still'n,
    erschuf ich Dich, um meinetwill'n.
Was ich erschuf, schenk ich nicht hin,
    verkauf es nicht um Höchstgewinn!
Ich sprach zu Ihm: Wer bist denn Du?
    Er sprach: Ich bin der Seelen Ziel!
Ich sprach: Sag nun auch, wer ich bin?
    Er sprach: Du bist des Zieles Ziel!

Die Rückkehr der Seele in die himmlische Urheimat ist durch den
«Urvertrag» garantiert, jenen Augenblick, da Gott die Seelen fragte:
«Bin ich nicht euer Herr?» Und sie antworteten: «Gewiß!» (Sure
7,171). Doch die mystische Auffassung vom Verhältnis Gottes zu den
Menschen geht weiter: Gott hat die Welt und die Menschen erschaf-
fen, damit seine Schönheit erkannt werde. Er bedarf des Menschen
ebensosehr wie sie seiner.

4

Der Frühling ist da! Der Frühling ist da
    mit holdem Glanze der Wangen!
Es grünt und blühet nun wieder die Welt,
    und Rosen ranken und prangen!
Nun lausche, was die Lilie spricht;
    denn sie hat hundert Zungen!
Lies in der Steppe ‹Wasser-und-Lehm›
    die Zeichen, die dort entsprangen!
Die Rose des Gartens die Wildrose fragt,
    wie ihr's in der Fremde ergangen;

sie spricht: «Ich bin froh: Vom ersehnten Gefild
     sich liebliche Düfte herschwangen!»
Jasmin fragt die Zypresse: «Sag an,
     was tanzest du immer so trunken?»
Da flüstert sie ihm selig ins Ohr:
     «Er duldet unser Verlangen!»
Fragt die Narzisse schelmischen Blicks
     die Rose, weshalb sie so lache,
so gibt sie zur Antwort: «Ich lache so froh,
     weil nah ist des Freundes Umfangen!»
Die Pinie spricht: «Der schwierige Pfad
     ward leicht durch die Gnade, die machte
daß meine Nadeln so glänzend und scharf
     wie Schwerter die Freiheit errangen.»
Vom Turkestan der verborgenen Welt
     viel Heere stattlicher Türken
ins Hindustan von ‹Wasser und Lehm›
     – der Fürst befahl es – eindrangen.
Und schau, jener Künder der Allmacht, der Storch,
     hat nun die Kanzel bestiegen
und ruft: «Ihr, die seinem Dienst sich geweiht,
     es ist Zeit, euern Herrn zu empfangen!»

Die ganze Schöpfung ist bewegt von der Sehnsucht nach der himmli-
schen Urheimat. Der Mystiker erblickt in jeder Regung des Lebens
die Äußerung dieser Sehnsucht oder aber der Freude über das Kom-
men des Freundes. Der Freund kommt, die irdische Liebeserfüllung,
Symbol der himmlischen *unio mystica,* ist nahe. Der Frühlingsgarten,
natürliche Kulisse einer Liebesszene, wird so zum Symbol der göttli-
chen Manifestation in der Welt der Materie. So wie das «heidnische»
Hindustan mit seinen dunkelhäutigen Bewohnern im 11. Jahrhundert
von muslimischen Heeren unter Mahmud von Ghazna, einem türki-
schen Feldherrn, erobert wurde – Türken galten traditionsgemäß als
schön und weißhäutig –, so wird der schwarze Boden aus Wasser und
Lehm im Frühling von einem Heer weißer Blüten erobert, so dringt
das Licht des Glaubens in die Finsternis des Heidentums, so aber

auch die Lichtwelt der Seele in die Finsternis der Materie und besiegt sie. In der Tat ein Gegenstand, über den zu reden es einen Prediger, geschwätzig wie der Storch, verlocken mag!

Im letzten Vers spielt Rumi mit dem persischen, onomatopoetisch das Klappern nachahmenden Wort für Storch *laklak*, indem er es arabisch deutet: «Dir, dir (gehört das Reich!)» (arabisch: *lak, lak al-mulk*); er nennt den Stroch hier: «jener *laklak*-Sager».

5

Schau, wie nun Bulbul wieder zum Rosengarten geht!
Wie rosa Wangenfarbe in Apfelblüten geht!
Die Blütenstreu am Boden gleicht Münzen eines Schahs,
der unters Volk, im Lenze es zu beschenken, geht.
Die Tulpe ist dem Mönch gleich, der mit entbranntem Herzen,
das Auge von Tränen blutig, zur Felsenschlucht hingeht.
Neun Monde lang hat der Dorn der Rose Treue gelobt.
Die Rose, die's gewahrte, nun gern in Dornen geht.
Narzisse tut ihr Auge auf mit erstauntem Blick:
Im Garten eine Rede von Auge und Schauen geht!
Das Lebenswasser regt sich im Wurzelwerk des Baums
der Flamme gleich, die lodernd durch edle Herzen geht.
Jedwede Blumenschöne nach Frost und Staubes Haft
jetzt warme Liebe erhoffend zum Sklavenmarkte geht.
Der Frühling scheint zu rufen: «Gott ist zum Kauf genaht!»
Der Lehm hüllt sich in Lumpen und hin zum Käufer geht.
Im Lenz gibt Gott der Erde ein, was sie lernen soll;
der Garten schreibt es nieder, die Lerche als Lehrer geht.
Und jeder Schüler, welcher sein Pensum gut gelernt,
mit einer Ehrenrobe geschmückt zum Schauplatz geht.
Die Rose Gottes Odem im Herzen stärker spürt,
als erste sie von allen ihr Herz verliert und geht.
Und sieht mein Herz im Frühling die Zweige hold gepaart,
so denkt es an die Liebe und hin zum Freund es geht.

Ein weiteres Frühlingsgedicht, in welchem die alles belebende Bewegung ihren Ausdruck in dem Echoreim (*mîrawad* = «geht») findet. Besonders reizvoll sind zwei Gedanken: zum einen die Idee, die Frühlingsau sei ein Sklavenmarkt, die Blumen vom Feldherrn Winter gemachte Sklaven, die nun, in hübsche Gewänder gehüllt, die freilich vor dem hohen Kunden nicht mehr als Lumpen sind, sich Gott selber zum Verkauf darbieten; zum andern der Einfall von den Blumen als lernbegierigen Schülern, der das Motiv von Rilkes anmutigem Sonnett

> Frühling ist wiedergekommen; die Erde
> Ist wie ein Kind, das Gedichte weiß.

um siebenhundert Jahre vorwegnimmt. Bulbul ist die durch Goethes *West-östlichen Divan* auch im Deutschen heimisch gewordene Nachtigall der islamisch-orientalischen Poesie.

6

O Du, um den in Gram zur Glut entfacht
der Himmel hat geweint die ganze Nacht!
Denn ob der Himmel lächelt oder weint,
es zieht ihn an der Erdenstaub mit Macht.
Vom Tränenstrom, den auf den Staub er goß,
wie ward der Staub mit holdem Duft bedacht!
Des Himmels Schluchzen hat hervorgebracht
wohl hundert Gärten, drin es gülden lacht.
Jüngst weinte ich, der Himmel weinte mit;
denn ihn und mich eint gleichen Glaubens Tracht.
Was wächst aus Himmels Tränen nicht hervor:
Rosen- und Veilchenpracht aus Staubes Schacht!
Und was wächst aus Verliebter Tränen, sprich?
In jenen Zuckerlippen süße Fracht.
Der Wolke Weinen und des Staubes Lachen,
das ist für mich und ist für dich erdacht.
Und unser Weinen, unser Lachen ist,
damit es Früchte trage, so gemacht.
Doch schweige nun und schau und habe acht:
der Welt Begehr, begehr das nicht, hab acht!

Wie der Dichter das Prangen des Frühlings als Folge der Freude über das Kommen des Freundes deutet, so das Weinen der Wolke als Folge des Grams über dessen Fernesein. Der Himmel hat also Teil an der Sehnsucht nach dem Freund, der sich in irdischer Schönheit, im Erdenstaub, manifestiert. Aus den Tränen des Himmels wächst irdische Schönheit, aus den Tränen der Liebenden süße Fracht bzw. wörtlich «hundertfache Liebe in den Zuckerlippen», d.h. Küsse. Je größer der Trennungsschmerz, desto süßer erscheint dem Liebenden der bzw. die Geliebte; oder eine andere Deutung: Der Gram bewegt den Liebenden zu Liedern, die den Geliebten zu süßem Lächeln entzücken.

7

Der Frühling kommt, der Frühling kommt,
    Frühling der duftgeschwellte, kommt!
Der Schöne kommt, der Schöne kommt,
    der Schöne ohne Schelte kommt!
Der Frühtrunk kommt, der Frühtrunk kommt,
    die Heiterkeit des Geistes kommt!
Der Schenke, mondhell, anmutvoll,
    mit Wein, den Er erwählte, kommt!
Die Helle kommt, die Helle kommt,
    die Sand und Steine leuchten macht,
Die Heilung kommt, die Heilung kommt,
    die Heilung für Gequälte kommt!
Der Buhle kommt, der Buhle kommt,
    der Buhle, den das Herz ersehnt,
Der Helfer kommt, der Helfer kommt,
    der Helfer, der beseelte, kommt!
Der Reigen kommt, der Reigen kommt,
    der Reigen ohne Reue kommt!
Die Einung kommt, die Einung kommt,
    für ewiglich Vermählte kommt.
Es kommt der Lenz, es kommt der Lenz,
    ein edler Lenz, der um sich her

Windröschen, Tulpen wangenschön
　　und Königskraut gesellte, kommt!
Ein Jemand kommt, ein Jemand kommt,
　　durch den der Niemand Jemand wird,
ein Großer kommt, ein Großer, der
　　den Staub ringsum zerspellte, kommt!
Es kommt ein Sein, es kommt ein Sein,
　　das alle Herzen lachen macht,
Es kommt ein Wein, es kommt ein Wein,
　　den Kopfweh nie vergällte, kommt!
Es kommt ein Gischt, es kommt ein Gischt,
　　durch den das Meer voll Perlen wird,
Es kommt ein Fürst, es kommt ein Fürst,
　　die Seele aller Zelte kommt!
Wieso: «Er kommt!», wieso: «Er kommt!»,
　　da Er doch nie von hinnen ging?!
Da, wo's das Auge nicht vermerkt,
　　er ohne Auges Melde kommt!
Ich schließ die Augen, sprech: «Er ging!»
　　Ich öffne sie und sprech: «Er kommt!»
Ich wache oder schlaf: der Freund der Höhle,
　　der Erhellte, kommt!
Jetzt muß, wer spricht, verstummen, und
　　der Stumme wird zum Sprecher jetzt.
Zähl nicht die Laute mehr: Das Wort,
　　des Laute keiner zählte, kommt!

Dieser Frühlingshymnus mit dem Reim –âr (*mushkbâr, burdbâr* etc.)
und dem Echoreim *âmad* ist eines jener Ghaselen, in denen Rumi die
Verbindung von Ekstase und Ordnung bzw. Kontrolle aufs Trefflich-
ste verwirklicht hat. Durch den Echoreim «kommt» (eigentlich Prä-
teritum, also «kam», «ist gekommen», was im Persischen aber auch
das momentane Eintreten der Handlung bezeichnen kann, z. B.: *man
raftam*, «ich ging» = «ich bin im Begriff zu gehen») erhält das Ge-
dicht eine einheitliche Dynamik. Der Text ist ein dichtes Gewebe von

Reimen, wobei zu Ghaselreim und Echoreim zahlreiche Binnenreime hinzutreten. Strukturbildend sind außerdem die in fast jedem Halbvers vorhandenen zwei- bis dreifachen Wortwiederholungen. So entsteht ein wahrer Klangrausch, ein Wortteppich mit übereinandergeblendeten Mustern, wovon in der Übertragung leider nur ein schwacher Abglanz übrigbleibt. «Der Freund der Höhle» bezieht sich ursprünglich auf Abû Bakr, der Muhammad bei seinem Weggang aus Mekka begleitete und mit ihm in einer Höhle übernachtete.

8

Der Muschel gleich war selig ich,
    weil das Juwel in mich gelegt,
Und wie die Welle wogte ich,
    vom Wind des eig'nen Seins erregt.
Wie Donnerrollen machte ich
    des Meers Geheimnisse bekannt;
Und wie die Wolke nach dem Guß,
    so ruht' ich aus am Meeresrand.

Muschel und Perle sind ein beliebtes Metaphernpaar, das Leib und Seele bedeutet. Wie die Woge ein Teil des Meeres, so ist der Mensch ein Teil des Alls; als Dichter spricht er göttliche Geheimnisse aus, so wie der Donner gleichsam vom Tosen des Meeres widerhallt. Aber erst wenn die Selbstentleerung geschehen ist, kommt die Seele im All zur Ruhe.

9

Weil sie jüngst Dein Fuß berührte,
    nun die Erde bräutlich lacht;
Schwanger ward sie und hat tausend
    Blüten Dir zur Welt gebracht.
Davon fiel ein Rausch gen Himmel,
    dran die Sterne sich entfacht,
Daß der Mond im Rausche schaute
    auf die Sternenblütenpracht.

Der Du aus meiner Seele steigst,
 o sag, wo ist Dein Haus?
O Du mein strahlendes Gestirn,
 sag mir, wo ist Dein Haus?

Du Mächtiger, Bezwingender,
dem Leib verhüllt, dem Herzen klar,
Du mir verborgen-offenbar,
 sag mir, wo ist Dein Haus?

Du sprichst: «Das Haus des Höchsten Throns,
es ist das Herz, drin Liebe wohnt!»
Doch ich, o Seele, hab kein Herz, –
 sag mir, wo ist Dein Haus?

Der Mond des Schattens Amme ist.
Wie kommt der Schatten hin zum Licht?
Sag mirs, o Mond, ich weiß es nicht!
 O sag, wo ist Dein Haus?

Des Mondes Wachsen schaut ich zu
und fand in keinem Hause Ruh.
Von meinem Lauf erlös mich Du!
 O sag, wo ist Dein Haus?

Der Geliebte, hier wie so oft mit dem Mond verglichen, steigt aus
dem Inneren des Liebenden, d. h. wird von dessen Phantasie gleich-
sam in den Himmel gehoben. Da der Mond als Planet ein «Haus»
hat – es ist das Sternbild des Krebses –, ist das Wort «Haus» in die-
sem Gedicht doppeldeutig. Doch der Geliebte Rumis ist kein wirkli-
cher Mond, er ist vielmehr jener Schams-i Tabris, der ihn verlassen
hat und dessen Aufenthaltsort nun Rumi unbekannt ist. Im Mond
vereinen sich Licht und Schatten; doch in dem Maße, wie das Licht

zunimmt und der Mond damit seine volle Gestalt erreicht, muß der Schatten schwinden. Der Dichter, der sein Herz in Liebe verloren hat, vermag nicht der Aufforderung zu folgen, den Gegenstand seiner Liebe im eigenen Herzen zu finden. Er bedarf des irdischen Abbildes und muß daher versuchen, das Haus des Freundes ausfindig zu machen, sei dies auch so unerreichbar wie das Sternbild des Krebses.

11

O Du mein Mond, was rufst du mich so oft in Deine Nähe?
Was fragst Du mich und weißt es doch so gut, wie mir's
    ergehe?
Ach, Du bist ein Zypressenbaum: Wort ist Dir nur ein
    Säuseln;
Du schüttelst ungerührt Dein Haupt, so oft ich lob und
    flehe!

Mond und Zypresse sind stereotype Vergleiche für das Antlitz und den schlanken Wuchs des bzw. der Geliebten. In diesem Vierzeiler hat nun der Dichter beide in negativer Bedeutung verwandt: Der Mond bescheint fühllos die schlaflosen Nächte des Liebenden, die Zypresse ist unfähig, seine Klagen zu verstehen. Über den irdischen Geliebten hinaus gelten diese Verse auch Gott, denn das Hadern mit Gott ist fester Bestandteil mystischer Liebesdichtung.

12

Schon ward es spät, schon währt es lang,
die Sonne in den Brunnen sank.
Steht auf, ihr Herrn von gutem Stern!
    Bald steigt der Mond – steht auf und wacht!

O Schenke komm, zur Schale lauf!
O Wächter, steig aufs Dach hinauf!
O Seele, raste nicht, brich auf!
    Es naht der Freund! Hab acht, hab acht!

Die Träne, die des Auges Lust,
der hohe Mut der stolzen Brust,
die Klugheit, die den Weg gewußt,
    sie sind verlor'n um Mitternacht.

Doch wenn des Inders Stimme gellt:
«Der Türkenfürst trat ein ins Zelt!»
dann ist das Herz der Welt erhellt,
    und alle Seelen sind entfacht!

Die Geister in des Freunds Verein,
die Wünsche stille insgemein,
das Herz so hell wie Tagesschein, –
    o Herz solch Nacht du recht betracht!

O Tag gleich wie der Jüngste Tag,
O Nacht gleich jener ‹Nacht der Kraft›,
oder wie jener Mose-Strauch,
    darin der Herr sich kundgemacht.

Doch sei nicht träg im Schacht der Nacht,
steig in des Himmels Zuber nur,
wie Joseph, der im Zuber fuhr
    zu Ruhm und Macht aus dunklem Schacht.

Wie einst bei Nacht, den Gott erkor,
zum höchsten Himmel stieg empor,
ward ohnegleichen, so sei du
    in deiner Nacht auf Licht bedacht!

Still ist die Welt bei Nacht und schweigt,
auf daß dein Sehnen mächtig sei;
denn nicht taugt Rufen und Geschrei
    da, wo das Bild des Freundes lacht!

O Sonne von Tabris, die Du
nicht wie wir nachtumfangen bist,
nicht östlich bist, nicht westlich bist,
    vor Dir bricht meines Wortes Macht.

Das Aufgehen des Mondes wird hier in Parallele gesetzt zum Nahen
des Freundes. Beide sind strahlend weiß wie ein Türkenfürst. Der
dunkelhäutige Inder ist, wie auch sonst oft, Bild für die Nacht. Mon-
des-Aufgang und Nahen des Freundes, beides sind Formen göttlicher
Manifestation, vergleichbar jenem Erscheinen Gottes im feurigen
Dornbusch, das jüdisch-christlicher und islamischer Überlieferung
gleichermaßen vertraut ist. Eine solche Nacht, in der der Freund nahe
ist, gleicht jener im Koran erwähnten «Nacht der Macht» (*lailat al-
qadr*), die «besser ist als tausend Monde» (Sure 97).
    Die Seele befindet sich im Leib in ähnlicher Bedrängnis wie der von
seinen Brüdern in den Brunnen geworfene Joseph. Aber Joseph
wurde befreit: Fahrende Kaufleute zogen ihn in einem Zuber *(dalw)*
heraus und verkauften ihn an einen ägyptischen Würdenträger. So
war die Fahrt im Zuber aus dem Schacht empor eine Fahrt zu Ruhm
und Macht. In gleicher Weise soll sich die Seele aus dem Leib be-
freien, und zwar mit Hilfe des himmlischen, mit Lebenswasser gefüll-
ten Zubers *(dalw* = Sternbild des Wassermanns); sie wird in gleicher
Weise gen Himmel steigen wie der Prophet Muhammad, «den Gott
erkor», in seiner nächtlichen Himmelfahrt. Im letzen Vers erreicht
Rumis Apotheose des Freundes göttliche Dimensionen. «Nicht öst-
lich, nicht westlich» ist Anspielung auf Sure 24,35.

13

Von jener Zuckerlippe zart,
von jenem Schenken edler Art
mir Leib und Seele trunken ward:
    O Freund, schlaf nicht heut nacht!

Um jenes Licht, das Welten tagt,
mein Lied in allen Weisen klagt,
auf daß Er höre, was es sagt:
    O Freund, schlaf nicht heut nacht!

Bald hält Dich Scham, bald hält Dich Scheu,
Bald quält Dich Reu, ach immer neu
entfliehst Du unsrer Kumpanei!
    O Freund, schlaf nicht heut nacht!

Machst einen Tag Du Dich gemein?
Steigst eine Nacht ins Grab hinein?
Wie kann Dir Kunde von uns sein?
    O Freund, schlaf nicht heut nacht!

Hab nicht auf Scheu und Reue acht!
Sei frei von Scham, komm ohn' Bedacht!
O komm, denn «schon die Rose lacht»,
    O Freund, schlaf nicht heut nacht!

Aus Von-Dir-Fernsein faste ich,
aus Lieb zu Dir nicht raste ich,
Schams von Tabris, begaste mich!
    O Freund, schlaf nicht heut nacht!

In diesem Gedicht herrscht der erotisch-anakreontische Ton vor, ohne
daß deswegen an der mystischen Dimension zu zweifeln wäre. Ge-
dichte, in denen der mystische Freund aufgefordert wird, Scheu und
Scham zu überwinden und eine Nacht mit seinen Verehrern zu poku-
lieren, – mag dies auch für ihn ein ähnlicher Abstieg sein, wie wenn
der Körper ins Grab, oder die Seele in das Grab des Leibes steigt, –
sind im Diwan Rumis mehrfach anzutreffen. Vielleicht beziehen sie
sich auf den Goldschmied Salâhuddîn, dem ein besonders bescheide-
nes Wesen nachgesagt wird. «Schon die Rose lacht» ist ein arabisches
Zitat.
    Zum Motiv der «Schamlosigkeit» in der Mystik, das offenbar eine
Wurzel bei den alten Kynikern hat, aber durch das Hadith «Scham
hindert den Glauben» auch in der islamischen Tradition verankert
ist, vgl. I. Goldziher, Vorlesungen über den Islam, Heidelberg 1963,
S. 168, und R. A. Nicholson, Selected Poems, S. 197.

14

Nacht ward es, und die Stunde kam für die Traulichkeit,
Verliebte sind in Andacht dem holden Mond geweiht.
Schon hob, ihr Mondverehrer, der Mond zu lachen an.
Erhebt euch, Nachtgesellen! Es ward zum Aufbruch Zeit!
Des Wesens Korn verwoben ist in des Leibes Stroh.
Doch wenn der Leib entschlafen, ist Korn vom Stroh befreit!
Die Inderscharen kehrten das Zelt des Leibes rein;
der Türkenfürst ins Zelt trat zur Liebesnacht bereit.
Die weltlichen Geschäfte ließ Er verronnen sein;
jetzt ist es Zeit zu reden für Seine Fürstlichkeit!

Das Ineinander von Außen- und Innenwelt kommt in diesem kurzen
Nachtgedicht besonders klar und schön zum Ausdruck: Die Glei-
chungen sind Mond, Türkenfürst, mystischer Freund, Seele auf der
einen Seite, Nacht, Inder, Jünger des Freundes, Leib auf der anderen.

15

Heut nacht gibt's mich nur und das Nest des Freunds, das
     ich umkreise.
Bei seinem Hause, bis es tagt, bleib ich auf meiner Reise.
Für jeden Frühtrunk ist es ja vorherbestimmt dem Zecher:
Die Schale seines Schädels untersteht des Freundes Becher.

Nacht und Becherklang hängen eng zusammen. Besonders im Mor-
gendämmer wurde schon bei den alten Arabern gerne gezecht. Die
Hirnschale des Trinkenden untersteht oder gehört dem Pokal des
Freundes. Das ist zunächst ein Überbietungsvergleich: Der Pokal ist
schöner als ein Schädel, und der Wein im Pokal des Freundes mehr
wert als das Hirn im Schädel des Zechers. Die im Vergleich ausge-
drückte Beziehung wird damit nun aber zur Forderung: Der Zecher
muß alle Vernunft fahren lassen, will er des Rausches recht inne wer-
den. Die mystische Bedeutung dieses anakreontischen Bildes liegt auf
der Hand.

Ein traf der Schenke der Seelen,
   riß uns aus Traumes Flug,
ergriff den goldenen Becher,
   entsiegelte den Krug.

O Heil dem Weine des Lebens,
   o Heil dem vollen Pokal,
den Er den trunkenen Zechern
   schon früh vor Tag hertrug!

O welch gesegneter Morgen,
   welch köstlicher Morgentrunk!
Vom König der Kelch mit dem Weine,
   von uns der Frömmigkeit Fug.

Der Wein war lauter, der Sultan
   gesellig, das Glück unser Freund...
Doch sag ich nicht, was noch weiter
   sich in der Runde zutrug...

Wer keinen Wein trinkt, dem soll er
   aufs Haupt gegossen sein!
Dem soll man sagen: Geh, geh nur
   zur Welt voll Trug und Lug!

In dieser Welt, da Tote
   von Toten sich ernährn,
nährt sich kein Kluger noch kennt
   er des Schlummers Atemzug!

Da er den Schlund sich rein hielt,
   ward ihm der reine Wein:

Hat nun so Wein wie Becher,
    Fest und Gespräch genug!

«Gewonnen hast du das Leben!»
    steht auf der Trunkenen Stirn.
Steht auf des Bechers Lippe:
    «Gelobt der letzte Zug!»

Steht auf der Hand des Schenken:
    «Gesegnet bleibe Dein Los!»
Steht auf der Wand der Trommel:
    «Gepriesen sei, wer da schlug!»

Auch Satan, wär' er vom Weine
    des Schöpfers berauscht, ihm würd'
trotz seiner zahllosen Sünden
    Verzeihung ohne Verzug!

Doch schweig ich nun, denn Schweigen
    taugt mehr vor Nüchternen:
Schon stehn und gaffen die Leute
    und reden aberklug!

Das Gedicht, unmittelbar verständlich, hält auf großartige Weise die
Mitte zwischen irdisch-überschwenglicher Beschreibung einer Mor-
gentrunk-Szene und Andeutung mystischer Dimensionen. Der «Sul-
tan» bzw. «König» (das letztere Wort wählte ich aus klanglichen
Gründen einmal zur Wiedergabe des Wortes *sultân*; doch wechselt
Rumi selber in anderen Gedichten zwischen *sultân* und *shâh*) ist iden-
tisch mit dem «Schenken der Seele», der, wie wir nun bereits wissen,
auf den mystischen Freund und darüber hinaus auf Gott hinweist.

Wir haben kein Geschäft als nur
 den Dienst am Schenken ganz allein.
O Schenke, schenk uns wieder ein,
 von Gut und Bös uns zu befrein!
Jedwedem Menschen auf der Welt
 ward ein Beruf von Gott bestellt;
doch keine Lehr' kennt der Beruf,
 dem wir auf Sein Gebot uns weih'n!
Bei Tage tanzen wir vor Ihm
 wie Stäubchen unterm Sonnenlicht,
bei Nacht umkreisen wir den Freund,
 wie Sterne um des Mondes Schein.
Hätt' Handel Er von uns gewollt,
 Er gab uns nicht vom Weine hold.
Wem solcher Wein im Kopfe rollt,
 der läßt sich nicht auf Handel ein!
Ist denn der Trunkene gescheut?
 Er tut, was ihm der Wein gebeut
und wandelt bis in Ewigkeit,
 wohin ihn locke Gottes Wein.
Die Trunkenheit des Erdenweins
 vergeht, wenn eine Nacht du schläfst.
Die Trunkenheit des «Gott ist Eins»
 geht mit dir durch des Grabs Gestein.
O Nachbarn, kommt, uns steht bereit
 der Wein dank der Barmherzigkeit,
die Schenken sind uns so geneigt
 wie Ammen sind den Kindelein.
O Herz, berausche dich daran,
 berauscht beschreite jede Bahn!
Berausch auch Ihn, Er soll durch dich,
 du durch Ihn ewig trunken sein!

Vom Weine wird der Kopf mir matt,
    so schweig ich denn und lösch das Blatt
und zähl nicht auf an Huld und Gnad,
      was man nicht faßt in Zahlenreihn!

Wenn das vorige Gedicht in Form einer anschaulichen Szene das Tun
und Treiben der «Trunkenen» schilderte, so beschreibt nun dieses das
gleiche verallgemeinernd, indem es Sitten und Eigenschaften be-
rauschter Mystiker aufzählt. – Wichtig ist die in Vers 8 ausgedrückte
Gegenseitigkeit des mystischen Liebesverhältnisses: Der Mensch soll
sich an Gott ebenso berauschen, wie dieser sich am Menschen be-
rauscht. Der letzte Vers enthält eine Anspielung an Sure 14,37 bzw.
16,18: «So ihr aufzählen wollet die Gnadenerweisungen Allahs, ihr
könntet sie nicht berechnen.»

18

Im Kelch, den ich ergreife, ist Wein von lauterem Lichte.
So deutlich ich auch rede, doch nur Geheimnis ich dichte.
Und immer schaut mein Auge, wohin der Blick sich auch
    richte,
Den einen gleichen Glanz nur von meines Freundes Gesichte.

Der Vierzeiler beschreibt das Verhältnis des mystischen Dichters zur
Welt: Trunken vom Lichte Gottes, manifestiert im Antlitz des mysti-
schen Geliebten, erblickt er nur dieses und vermag nur davon zu re-
den. Die zweite Hälfte ist eine Anspielung auf Sure 2,109: «Gott
gehören Westen und Osten; wo immer ihr euch hinwendet, dort ist
das Antlitz Gottes.»

19

Zerbrochen ist mein Becher! O Freund sieh da, die Splitter!
Jedoch was gilt ein Becher vor solchem Rausch der Zecher?
Ob mir mein Kelch zersplittert, darum ich mich nicht
    kränke,

hält einen neuen Becher mir doch bereit der Schenke!
Der Becher ist der Körper, der pure Wein die Seele;
der Becher, den Er spendet, bleibt ewig ohne Fehle!

20

Bald nannt ich es Becher, bald hab ich gesprochen von Weine
     hold;
Bald hieß ich es rohes Silber und bald geläutertes Gold;
Bald hab ich es Köder, bald Beute, bald Jäger, bald Wild
     genannt.
Warum dies? Weil Seinen Namen ich sagen nicht konnte
     noch wollt'.

21

Die Rose ist die Lachende; wenn sie nicht lacht,
     was soll sie denn?
Wenn sie sich nicht aus Moschusduft ein Zeichen macht,
     was soll sie denn?
Der Mond, der strahlende, ihn ziert
     Anmut und Selbstgefallen!
Was weiß er sonst, was zeigt er sonst, wes hat er acht?
     Was soll er denn?
Die Sonne, wenn sie strahlenreich
     und hellen Glanz verbreitend
am himmlischen Gewölbe nicht ihr Licht entfacht,
     was soll sie denn?
Der Schatten, der die Sonne sieht
     am Himmel höher steigen,
neigt er sich nicht, geht auf die Knie vor ihrer Pracht,
     was soll er denn?
Der Liebende, der nicht sein Kleid
     bereit ist zu zerreißen,

sooft ein Duft von Deinem Kleid ihm Kunde bracht,
     was soll er denn?
Der Leichnam tief im Grabe drin,
     an dem vorbei Du schreitest,
regt er sich nicht, bewegt sich nicht, lebt und erwacht,
     was soll er denn?
Mein Herz, das durch den Gram um Dich
     zur Harfe ist geworden,
wenn es nicht tönt, wenn es nicht klagt, bald wild, bald
     sacht,
     was soll es denn?

Dies und einige der folgenden Gedichte enthalten ein aristotelisches
Element, eine Art Entelechie-Vorstellung. Das Wesen der Rosen ist es
zu lachen; lacht sie, so stimmen ihr Äußeres und Inneres überein. In
gleicher Weise ist es das Wesen des Liebenden, durch das geringste
Zeichen des fernen Geliebten in Begeisterung versetzt zu werden,
Ruhm und Ehre hinzugeben, ja das eigene Leben, denn das Kleid
kann hier auch den Leib bezeichnen. Der Geliebte aber hat die Kraft,
den Liebenden selbst aus dem Grabe zu erwecken. Rumi kennt frei-
lich auch das Umgekehrte, das Auseinanderfallen, die Nicht-Überein-
stimmung von Außen und Innen. Vor allem kennt er den Wechsel der
Zustände in der Natur und im Menschen selber. Doch alles, das Gute
wie das Ungute, ist von Gott oder von seinem Mittler bewirkt.

22

Ein Regen einem warmen Blut sich einst aufs Haupt ergoß;
Er sprang und floh ins nächste Haus, weils gar so mächtig floß.
Die Flügel schlug ein Erpel da, rief: «Regen, mich erfaß:
Denn meine Seele schuf der Herr ja just für dieses Naß!»

Die Bedeutung dieses Vierzeilers ergibt sich aus einer Stelle im *Math-
nawi* (1,459): Rumi schildert da die Ente als einen Vogel, der auf dem
Wasser und auf dem Lande lebt, dessen eigentliches Element aber das
Wasser ist. Und er benutzt dies als Bild für das Verhältnis des Men-
schen zu Diesseits und Jenseits.

23

Rose, gilt es den Reizen im Rosenhag,
    daß du lächelst?
Gilt es der Nachtigallen lieblichem Schlag,
    daß du lächelst?
Kam des verborgenen Freundes Wange zutag,
    daß du lächelst?
Oder erschien dir sein Gleichnis? Sag, was vermag,
    daß du lächelst?

24

Gestern sang mit zarter Stimme Bulbul süße Melodie
An dem Ufer eines Baches. Und was sang und klagte sie?
Aus Rubinen und Smaragden, Gold und purpurnem Damast
Kann man eine Rose machen, – aber duften wird sie nie!

Die Aussage entspricht dem bekannten lateinischen Spruch: *Qui pingit florem, floris non pingit odorem.*

25

Bald leiht Er mir des Frühlingsgartens Pracht,
bald hüllt Er mich in Winters karge Tracht,
Bald macht Er mich zum Lehrer hohen Stands,
bald macht Er mich zum Schulkind ungeschlacht,
Bald nimmt Er einen Stein und wirft nach mir,
bald schmückt Er mich mit Steinen höchster Macht,
Bald macht Er mich zum Quell des Sonnenlichts,
bald wandelt Er mein ganzes Sein in Nacht.
Mit beiden Händen faß ich Seinen Saum,
auf daß Sein Trachten treulich ich betracht!
Des Schmerzes Hefe leiht Er meinem Kelch,

zum Schenken der Berauschten Er mich macht.
Von Seinem Zucker kost ich Nacht und Tag,
bis daß mein Mund so süß wie Seiner lacht.

26

O Sonne, die das Himmelsroß besteigest,
doch listig klein oft wie ein Stern Dich zeigest,
Bald Du dem Herzen gleich im Zentrum stehst,
bald hin zum Rande und zur Ruhe gehst.
Bald meinen Gram verbrennst, bist Grames Wende,
bald nennst Du meinen Gram ohn' Wend und Ende.
Du brichst entzwei, um wiederum zu flicken,
Du lehrst das Herz, sich ins Zerbrechen schicken.
Zuweil'n, wenn ich mein Herz laß weinend liegen,
heißest Du mich, es wie ein Kind zu wiegen.
Bald einer Amme gleich Du sanft mich faßt,
bald drückst Du mich wie eines Reiters Last.
Nahmst Du nun meine Not? Bin ich noch arm?
O sag's, Du Ränkeschmied, Du Schalk voll Charme!

Der mystische Freund, «die Sonne von Tabris», wird hier am Schluß
des Gedichtes «Ränkeschmied» (*hîle-bâre*) und «Schalk» (*'ayyâr*) ge-
nannt. Derartige Anreden sind in der islamisch-orientalischen Liebes-
poesie geläufig. Aber selbst falls hier, wie so oft, wenn vom mysti-
schen Freunde die Rede ist, letztlich Gott selber gemeint ist, darf dies
nicht verwundern. Mystiker hadern mit Gott. Und im vorliegenden
Fall könnte Rumi sich sogar auf den Koran berufen, der Gott den
«besten aller Ränkeschmiede» nennt (Sure 3,47; 8,30).

27

Der Wolf, der naht im Dämmer unsrer Stätte,
Die Fetten samt den Mageren er raubt.
Was schnarchst du fort und fort in deinem Bette?
Feucht dir die Stirne, streif den Staub vom Haupt!

Die Sterne streuen Münzen für die Vermählungszeit!
Der vierzehntägige Mond ist's, den heut der Himmel freit.
Da fließt die Venus über von lieblichen Melodien
wie Nachtigallen im Frühling, wenn sie die Rose erfreut.
Der Steinbock wirft dem Löwen kokette Blicke zu.
Die Fische tummeln im Weiher, daß Gischt gen Himmel stäubt.
Jupiter schickt ein Roß hin zum alten Saturn und rät:
«Verjünge dich und verkünde die Botschaft weit und breit!»
Die Hand des Mars, noch eben voll Blut vom Hefte des
      Schwerts,
sie wurde zum Lebensspender, der Sonne gleich werkgeweiht.
Der Wassermann, aus dem Eimer gefüllt mit Lebensquell,
      tränkt
      die trockene Ähre der Jungfrau, macht, daß sie Perlen
      reiht.
Die Zwillingsnuß, die voll Mark ist, scheut Waage nicht
      noch Zerbruch,
wie auch das Widderlamm nie von der Seite der Mutter
      weicht.
Der Pfeil vom Äugeln des Mondes traf so den Schützen ins
      Herz,
daß wie ein Skorpion er verliebt die Nacht durchschweift.
Geh an dies Fest und schlachte als Opfer den himmlischen
      Stier,
du wärest denn etwa ein Krebs, der querbeet im Schlamme
      schleicht.
Ein Astrolab ist der Himmel, die Liebe das wahre Sein.
Was wir auch sagen, dein Ohr sei dem inneren Sinn geneigt!
Schams-i Tabris, an dem Morgen, da du mich findest, wie
      strahlt
dein mondenhelles Antlitz, daß Tag zu Nacht verbleicht!

Das Gedicht beschreibt auf eher spielerische Weise einen Sternenhimmel in einer Vollmondnacht – 14 Tage braucht der Neumond, um sich zu füllen. Den Sternen und Sternbildern werden menschliche Gesten und Empfindungen beigelegt, die sich auf die himmlische Hochzeit beziehen, die hier natürlich mystisch zu deuten ist. Rumi nennt die sieben Planeten (den Mond zweimal) und die zwölf Tierkreiszeichen (in der Reihenfolge des Auftretens im Gedicht: Venus, Steinbock, Löwe, Fische, Jupiter, Saturn, Mars, Sonne, Merkur, Wassermann, Jungfrau, Zwillinge, Waage, Widder, Merkur («Pfeil»), Mond, Schütze, Skorpion, Stier, Krebs). Im einzelnen sei noch folgendes erläutert: Mit «Roß» ist vermutlich das Sternbild Pegasus gemeint. «Eimer» (*dalw*) ist das arabisch-persische Wort für Wassermann, «Ähre» (*sunbule*) das arabisch-persische Wort für Jungfrau. «Zwillingsnuß» ist eine Behelfsübertragung des persischen *jauz* = «Nuß», das hier gleichzeitig für *jauzâ*, das Sternbild Zwilling, steht. Dieser Vers spielt auf mehreren Ebenen: Die Zwillingsnuß fürchtet sich nicht vor der Waage (*mîzân*) und dem Zerbrechen, weil sie voller Mark ist. *Mîzân* ist aber auch ein koranisches Wort: Mehrfach ermahnt der heilige Text die Gläubigen, «Maß und Gewicht» zu «erfüllen» (*ûfû al-kaila wal-mîzâna*, z.B. Sure 7,85). Doch es bedeutet auch die Waage des Jüngsten Gerichts, mit der die Taten der Menschen gewogen werden (vgl. Sure 21,47) und vor der sich der nicht zu fürchten braucht, der gute Taten mitbringt. *Tîr* = «Pfeil» ist auch das persische Wort für den Planeten Merkur, der hier offensichtlich gemeint ist, obwohl es auch ein kleines Sternbild namens Pfeil gibt (zu «Pferd» und «Pfeil» vgl. G. Strohmaier, Die Sterne des Abd ar-Rahman as-Sufi, Leipzig & Weimar 1984, Nr. 19 u. 15).

Dergleichen waren z.Z. Rumis beliebte literarische Übungen; aber, wie der Dichter gegen Ende des Gedichts ausdrücklich betont, es geht ihm auch hier vor allem um den *ma'nî*, den «inneren» Sinn. Die Gestirne – für den mittelalterlichen Menschen ohnehin engelhafte Geistwesen oder von solchen regiert – werden dem Dichter wie die Blumen im Frühling zu Akteuren des Spiels um das Kommen des Freundes. Freilich, daß der «Eimer» (Wassermann) die «Ähre» (Jungfrau) wässert und ihr damit zu perlengleichem Korn verhilft, oder gar, daß das Sternbild Schütze, von den Wimpernpfeilen des Mondes getroffen, aus Liebe zu diesem ein skorpiongleicher Nachtschwärmer wird, zeigt, daß der Dichter seine Einfälle kaum aus astrologisch-astronomischen Funktionen, sondern aus den Namen der Gestirne bezieht. Die kosmische Mächtigkeit seines Freundes wird damit einmal mehr in Szene gesetzt.

29

O Herz, wenn du nach Gras dich bückest, – was soll ich tun?
In Eden keine Rosen pflückest, – was soll ich tun?
Strahlt nicht die Welt von Seiner Schönheit in hellem Glanz?
Blind bist du, daß du's nicht erblickest! Was soll ich tun? !

30

Wenn das Schiff am festen Strande
      hinfährt auf dem Wogenpfad,
Glauben die im Schiffe manchmal,
      was da fährt, sei das Gestad'.
So auch wir, deren Schicksal
      im Vergehen nur besteht,
Glauben doch auf unsrer Reise:
      Wir bestehn; die Welt vergeht.

Das Beispiel von den Schiffspassagieren, die glauben, das Ufer fahre,
ist ein altes Standard-Exempel der Philosophen für die Täuschung der
Sinne, das sich z. B. auch bei dem großen arabischen Philosophen Fa-
rabi findet. Vielleicht hat Rumi es bei ihm gelesen.

31

Wer da glaubt, das Herz sei jenes Ding, das in der Brust drin
    wohnt,
Der vermeint nach zwei, drei Schritten, alles sei gewonnen
    schon.
Rosenkranz und Proskynese, Reue, Demut und Askese, –
Pfad ist all dies; doch der «Meister» hält es für die
    Endstation!

Der «Meister» (*khwâdja*) ist höflicher Titel für Lehrer und Gelehrte.
Rumi braucht diesen Titel mitunter ironisch, so hier für den ortho-

doxen Frommen, den Asketen, der die äußere Erfüllung der Riten für das allein Wesentliche hält. Rumi kann diese und ähnliche Antipoden in derben Worten verspotten, wie das folgende Gedicht zeigt.

32

Beklag dich nicht, mein Bruder, ob unsers Meisters Strenge,
daß er sich zeigt im Spenden so mürrisch und so enge!
Hat auch den halben Garten er für sich eingenommen,
der Baum zeigt keine Früchte, wie sehr man ihn umdränge!
Die Brau'n hält er gehoben, den Beutel zugebunden.
Betrüg dich nicht, denn Silbers besitzt er doch die Menge!
Nur sind ihm beide Hände fest an das Holz geheftet.
Was hilft's, daß auf dem Throne der Herr sitzt mit Gepränge?
Es ist, ob auch der Leib prangt so stark wie ein Gebirge,
der Leichnam seiner Großmut ein elendes Gestänge!

Obiges Gedicht ist ein Beispiel für das Genre der Satire. Die Meisterschaft Rumis zeigt sich auch in solchen Versen. Er beschreibt den Geizkragen als den reichen Fürsten, dem die Goldgier die Hände quasi an den Thron geheftet hat. Die gebende Hand ist geöffnet, die verweigernde an den Nacken gefesselt, das ist schon eine koranische Vorstellung (Sure 17, Vers 31). Nun kann das Wort *takht* – «Thron» – aber auch «Bahre» bedeuten, und dann bekommt das Haften der Hände am Holz einen ganz anderen Sinn: Rumi läßt im Bilde der irdischen Macht das des Todes aufscheinen.

33

Ein Geck kam in ein Gartenbeet
     und wollte dort Melonen kosten.
Doch frag ich dich, wer sah denn je
     Esel so Auserles'nes kosten?
Des Seelenbeetes Kost ist nicht
     für jede Kuh und jeden Esel;

von diesen selt'nen Früchten soll'n
    nur rechte Herzens-Schelme kosten.
Ist man im Maghrib, wird man wohl
    die Speisen Andalusiens essen,
Ist man im Osten, wird man dort,
    was östlich ist und köstlich, kosten.
Dient wer dem Kaiser, darf er wohl
    auch kaiserlich zu Tische sitzen,
Dient wer den Räubern, muß er schon
    auch von des Räubers Küche kosten.
Wer diebisch sich und räuberisch
    gedenkt ins Gartenbeet zu schleichen,
der muß zuletzt gerechterweis'
    auch der Oghusen Rache kosten.
Der wahre Türke ist ein Herr,
    dem Fehden nicht die Steuern stören.
Das sind nicht Türken, die aus Gier
    den Backenschlag des Schwächlings kosten.
Wenn der Choleriker nicht mag
    den süßen Apfel, nur den sauren,
der Sauertopf, so soll er doch
    den Saft des Gallenapfels kosten!
Doch schweig nun still, denn einer, der
    aus Bärenhunger für zehn Männer
Erbsen und Reis verschlingt, wird nie
    den reinen Wein des Geistes kosten!

Im Kommentar zu Nummer 21 war von der Entelechie der Rose, des
Liebenden und des Dichters, die Rede. Hier nun spricht Rumi vom ne-
gativen Pendant, dem unreifen, uneingeweihten Rohling (*khâm*), dem
der Zutritt zum «Gartenbeet der Seele» – so der Urtext – verwehrt ist.
Auch dieses Gedicht ist eine Satire und vermutlich ebenso wie das vori-
ge auf einen ganz bestimmten Mann aus dem Umkreis Rumis gemünzt.
Der Dichter identifiziert sich dabei mit der damals in Konya und ande-
ren kleinasiatischen Städten herrschenden Dynastie der Seldschuken,

wie aus der Berufung auf die Ordnungsmacht der Türken bzw. Oghusen hervorgeht. Die Seldschuken stammten vom türkischen Stamm der Oghusen, der im 10. und 11. Jahrhundert von Zentralasien her nach Südwesten gewandert war. Die Türken sind freilich, wir erinnern uns, in Rumis Metaphorik auch immer Symbol des Lichten und Guten, so daß auch dieses ursprünglich ohne Frage aktuell personalpolitische Gedicht sich in einem weiteren Sinne deuten läßt.

Erwähnt sei noch, daß der erste Vers ein für Rumi typisches unübersetzbares Wortspiel enthält. Melone heißt auf persisch *charbuz*. Dieses Wort steht im Reim, und nun stellt Rumi in der zweiten Vershälfte die rhetorische Frage: «Sah man je einen *char buz* – einen Esel ein Zicklein essen?» (Man könnte *buz* auch als verkürztes türkisches *bûz* auffassen, was «Eiskrem» bedeutet; diese Vermutung liegt um so näher, als Rumi in diesem Gedicht noch einige weitere türkische Wörter verwendet.) Damit ist sprachlich zum Ausdruck gebracht, daß Esel und Melone unvereinbar sind.

34

Wo ist mein Esel, Esel – wo?
      Ist er gar tot? Wo steckt er bloß?
Ich dankte wirklich meinem Gott,
      wär' ich den alten Esel los!
Geht auch der Stier, so geh er hin!
      Bekümmern soll mir's nicht den Sinn!
Es macht nicht Stier noch Stieres Bauch,
      daß mich umströmt ein Moschushauch.
Gehn Esel und gehn Stier mir ein,
      eins soll mir unvergänglich sein
in beiden Welten insgemein:
      der Liebste mein, der Liebste mein!
Mein Esel trägt ein Ringlein hold;
      der Ring ist golden, nicht das Tier!
Nicht solche Zier hat ihm gebührt.
      Schad um das Gold! Schad um mein Gold!
Gar störrisch ist er, will nicht gehn,
      treibt Possen, läßt die Gerste stehn.

Fürwahr sein ganzer Nutzen ist
        vor meiner Tür ein Haufen Mist!
Ein Stier am hohen Himmelsrund,
        ein andrer unten tief im Grund –
wenn ich von beiden los mich reiß,
        dann kommt das Glück in meinen Kreis!
Einst lief ich auf den Eselmarkt
        und blickte hier und blickte dort,
sah Esel und sah Eselknecht
        so viel, mir wurde davon schlecht.
Sprach einer: Ist dein Esel tot,
        kauf einen neu'n, 's hat keine Not!
Doch ich sprach: Schweig, der Esel war
        zu oft mir Anker in Gefahr!

In diesem Gedicht begegnet uns, mehr noch als im vorigen, Rumis skurriler Humor. Dennoch ist der Gegenstand ernst und von zentraler Bedeutung. Der Anlaß des Gedichtes dürfte zwar zunächst wieder realer Natur gewesen sein. Doch für Rumi wird auch das banale Alltagserlebnis zum Symbol. Der Esel ist nämlich ein bekanntes Bild für die Leib- und Sinnlichkeit. Der Stier des zweiten Verses ist zunächst wiederum real zu nehmen. Rumi besaß offenbar einen solchen. «Stieres Bauch» bezieht sich dann aber auf den Moschus-Ochsen, aus dessen Drüse man den Duftstoff gewann. Der Moschus, der Rumi umweht, ist jedoch unsinnlicher Natur: Es ist die geistige Nähe des Geliebten. Das goldene Ringlein im Ohr des Esels ist Symbol dafür, daß die Seele an den Leib geheftet und daher immer in Gefahr ist, mit diesem zu verderben, während eigentlich der Leib ihr Knecht sein sollte (Ohrring = Sklavenzeichen). Großartig ist die Erweiterung der Perspektive im folgenden Vers: Vom Haustier und Moschusochsen wandert der Blick zum Sternbild des Stieres und zum mythischen Stier, der nach volkstümlicher islamischer Vorstellung auf dem mythischen Fisch steht und die Erde trägt. Damit ist der Kosmos umschrieben. Aber der Mystiker muß sich von allem, Makro- und Mikrokosmos, lösen. Er muß sich in den Ozean des Alls wagen. Auf solcher Fahrt sind Leiblichkeit und Sinnlichkeit lästige Hindernisse, unbrauchbare Anker. Das persische Wort *langar* = «Anker» erinnert an *lang* – «lahm» – und wird deswegen von Rumi manchmal in negativem Sinn gebraucht. Im obigen Gedicht ist es zudem durch den Reim gerechtfertigt.

Das Gedicht erinnert an eine amüsante Erzählung im mystischen Lehrgedicht Rumis, dem *Mathnawi*; vgl. A. Schimmel, Dschalaluddin Rumi. Das Mathnawi. Ausgewählte Geschichten, S. 45.

35

Ich speise nicht Kopf, das ist mir zu schwer,
ich speise nicht Fuß, das knöchert zu sehr.
Ich speise nicht Braten, auch das bringt Verdruß,
doch speise ich Licht, das ist Seelengenuß!
Ich fliege nicht hoch, da ein Storch ich nicht bin.
Ich beiß nicht, ich hab keinen hündischen Sinn.
Ich hinke nicht, denn mein Fuß ist nicht lahm.
Ich liebe nur einzig mein schönes Phantom.
Ich frag nicht nach Edeln; es drückt sie der Hut.
Ich frag nicht nach Perlen; drauf ruht sich's nicht gut.
Ich frag nicht nach Eseln; sie dienen dem Stroh.
Ich frag nach dem Rebhuhn, das Kön'ge macht froh!
Ich speise die Liebe, denn wohl sie bekommt,
den Mund sie erfreut und der Seele sie frommt.
Drum soll auch nicht länger Gehirn und Gebein
für mich und mein Tafelvolk Speise sein!

Eine weitere Probe für Rumis Neigung zu Skurrilem. Das Gedicht ist übrigens auch formal interessant: Es ist auch im Original ein Strophengedicht. Von den 15 Versen (deren 8 in obiger Übertragung erscheinen) sind je zwei, und am Schluß drei zu einer Strophe zusammengefaßt. Inhaltlich bedarf das Gedicht kaum einer Erläuterung. Es genüge der Hinweis, daß «Rebhuhn» eine der zahlreichen Metaphern für das holde Liebchen ist.

36

O Himmelsrad, du hast geraubt mit List und üblen Touren
Vom Leder meines Herzens mir die liebsten Spielfiguren.
Einst aber, wart nur, siehst du mich am Himmelstische zehren,
Im Wettgelage mit dem Mond die vollen Schüsseln leeren!

Der Himmel, das Schicksal, wird häufig mit einem Schachspieler ver-
glichen, der den Menschen matt setzt. Für den Mystiker ist aber ge-
rade dieses Schachmatt erst der Anfang. Nach dem Tode beginnt das
himmlische Freudenmahl der *unio mystica* mit dem Geliebten, hier
durch den Mond angedeutet, dessen Zu- und Abnehmen dem ständi-
gen Füllen und Leeren einer Schüssel gleicht (vgl. auch Nr. 41 und
93).

37

Ich teilte eine Zeitlang der Menschenkinder Reih'n;
Doch schien kein Ton noch Duft mir von ihnen treu zu sein.
Besser ist's, ich verberge mich vor der Leute Blick,
Wie Wasser steckt im Eisen, wie Feuer steckt im Stein.

38

Weh uns, wir sind verlassen, die Stunde ist vorgerückt,
Auf einem Meer, da nirgends ein Ufer wird erblickt.
Nur Schiff und Nacht und Wolken, – so fahren wir dahin
Auf Gottes Meer, von Seiner Gnade und Huld beglückt!

39

Armut hat den Sieg errungen,
Wand um Wand mit Macht durchdrungen,
Schlüssel, der das Schloß geöffnet,
    sel'ge Armut will ich preisen.

Unrein, wen die Gier gedungen,
rein, wen die Vernunft bezwungen;
Armut aber schlägt ihr Zelt auf,
    Wo nicht Rein noch Unrein reisen.

Alle Herzen, welche lieben,
steh'n im Zirkel um die Armut;
Armut ist der Ordensmeister,
    den wie Jünger sie umkreisen.

Als ich jene Wahrheitssonne
von Tabris, den Freund erschaute,
sprach er: «Wardst du satt?» Und ich drauf:
    «Gibt es mehr? So laß mich speisen!»

Armut ist der Schlüssel zum Himmelreich. Armut ist Gottesbedürf-
tigkeit – daher der Zusammenhang zwischen Armut und Liebe –, eine
Bedürftigkeit, die frei macht, Gottes Gabe in unumschränkter Fülle
zu empfangen. Der Akt des Empfangens vollzieht sich auf Erden in
der Begegnung mit dem mystischen Freund. Hier ist der Liebende so
unersättlich wie – die Hölle: Denn diese wird dem Koran zufolge am
jüngsten Tage von Gott gefragt: «Bist du gefüllt?», und antwortet:
«Gibt es noch mehr?» (*hal min mazîd,* Sure 50,29). Man fragt sich,
was Rumi zu dieser scheinbar frivolen Anspielung veranlaßt hat.
Nun, einmal soll damit, wie schon gesagt, die Unersättlichkeit des
Verlangens, zum andern aber gewiß auch der ungeheure Abstand
zwischen dem Liebenden und dem mystischen Freund (als Abglanz
Gottes) hyperbolisch verdeutlicht werden. Die koranischen Worte
wurden allerdings auch schon von dem bekannten Mystiker Abû Ya-
zîd (Bâyazîd) al-Bistâmî im 9. Jahrhundert in einem Brief zitiert, den
er an seinen Lehrer Yahyâ ibn Mu'âdh richtete. Dieser hatte ge-
schrieben: «Manche trinken einen Schluck vom Wasser Seiner Liebe
und sind befriedigt.» Bâyazîd antwortete: «Andere haben die sieben
Meere des Himmels getrunken; doch ihr Durst ist nicht gestillt und
sie fragen *hal min mazîd*? Annemarie Schimmel vermutet im obigen
Vers eine Anspielung auf diese Briefstelle, vgl. A. Schimmel, The Tri-
umphal Sun, S. 202.

40

Wenn einer dich erniedrigt hat,
    stell du's anheim des Herrn Gericht!
Wenn wer dich ängstigt und erschreckt,
    kehr zu dem Höchsten dein Gesicht!
Sorge, Furcht und Gebresten sind
    Sein Lasso ja, drum hab Geduld!
Am Ohre ziehend führt die Not
    dich hin zum Hofe Seiner Huld.
«O Herr, o Herr!» dein Seufzen sei,
    dein Antlitz himmelwärts gewandt,
der Strom der Tränen fahre hin
    durch deiner gelben Wangen Land.
Grün wird erblühn durch diesen Tau
    aus Herzens Öde Frühlings Au,
der Morgen hebt den Schleier auf,
    die Ewigkeit bricht an, o schau!
Wenn einst der stolze Pharao
    erfahren hätte Schmerz und Not,
nie hätt er sich zur Göttlichkeit
    so dreist vermessen wider Gott!
Denn als im Meere er ertrank,
    «Ich ärmster Knecht!» sich ihm's entrang,
Unglaub ward Glauben; Unglück dank
    erkannt er Gott, als er versank.
So nimm vom Körper nicht die Pein,
    wirf tief ihn in den Nil hinein,
auf daß die Flut wie Pharao
    vom Unglauben dich wasche rein!

Diese Verse haben, wie so manches Gedicht Rumis, fast choralarti-
gen, jedenfalls erbaulichen Charakter. Hier geht es um die Überwin-
dung des Leidens durch Sinngebung. Rumi tut das, wie nicht anders
zu erwarten, durch poetische Umdeutung: Der Strom der Tränen be-

taut die Herzensau; er ist aber auch gleich jener Flut, in der, nach ko-
ranischer Version, Pharao fast ertrinken mußte, um sich in Todesnot
zu Gott zu bekehren, worauf er auch leiblich gerettet wurde (Sure 10,
90f.).

41

Ist keine Flut gekommen, doch wurden wir benetzt;
Fuß lief in keine Schlinge und liegt in Fesseln jetzt.
Wir tranken keinen Tropfen und wurden doch berauscht,
wir sahen nie ein Schachbrett, und sind doch mattgesetzt.
Wir sahen nie ein Schlachtfeld und doch, wie sich im Wind
die schönen Locken lösen, sind wir versprengt, zerfetzt.
Wir sind ein Schatten jenes Idoles, ja mich dünkt,
daß uns das Bild von Götzen seit Urbeginn ergötzt.
Der Schatten scheint zu wesen und west und währt doch nicht.
So sind auch wir ein Nichts nur, den Schatten gleich geschätzt.

Diese Verse sind ein typisches Beispiel für das bei allen Mystikern so
beliebte Reden in Paradoxen: Der Mystiker ertrinkt in einer Flut, die
nicht die des Meeres ist, er fällt ohne Schlingen in die Fesseln mysti-
scher Liebe, der himmlische Schachspieler setzt ihn matt ohne ein
Schachbrett (vgl. hierzu auch Nr. 93). Der Vergleich mit den Locken
entstammt der Liebespoesie: Die Krümmungen und Brüche der Haare
der Geliebten krümmen und zerbrechen, schlimmer als jede Waffe,
den Liebenden. Der Liebende wie der Mystiker ist vernarrt in das
schöne Idol. Beide sind Götzenanbeter in dem Sinn, daß sie in der ir-
dischen Erscheinung das Göttliche erkennen und verehren. Das Idol
verhält sich zu Gott wie der Liebende zum Idol. Das ist ein Stück
neuplatonischer Hierarchie des Seins. Der Schatten, der schwindet,
kehrt ins Licht zurück. Am Ende der Abbildverehrung steht die Ver-
schmelzung mit dem Urbild.

42

Es ist die Zeit ein Wahnbild, voll Düsternis und Leid;
doch unser Sein und Wesen ist außerhalb der Zeit.
Es ist die Zeit ein Käfig, indessen jenseits liegt
Berg Kaaf, und Vogel Anka weit jenseits von ihm fliegt.
Ein großer Strom die Welt ist: doch wir sind nicht darin;
und nur von uns ein Schatten fällt auf die Wogen hin.

«Wir sind ein Nichts, gleich wie der Schatten», hieß es im vorigen
Gedicht. Hier wird nun deutlich, wer diesen Schatten wirft. Unsere
höhere, eigentliche Existenz ist außerhalb von Zeit und Raum; was in
Zeit und Raum in Erscheinung tritt, ist, ganz platonisch, nur der
Schatten dieser höheren Existenz. Die Seele gleicht dem mythischen
Vogel Anka, dem Phönix der arabischen Sage, dessen Heimat der my-
thische Berg Kaaf ist.

43

Adams Staub, er ward zu Lehme, als der Liebe Tau ihn fand.
Hundertfacher Krieg und Aufruhr daraus in der Welt entstand.
Als die Lieb' mit hundert Stichen in des Geistes Ader stach,
Träufelte herab ein einz'ger Tropfen; der ward «Herz» genannt.

Der Vierzeiler handelt von der Genese des Herzens. Wieder wird an-
gespielt auf jenen Mythos (vgl. Nr. 2), wonach die Engel Adams Erd-
klumpen mit Wein, hier als Tau der Liebe gedeutet, geschmeidig
machten. Liebe und Geist erzeugen das Herz, das dann die Herr-
schaft der Welt antritt, wie dies die folgenden Verse zeigen werden.
Diese unsinnige Genese scheint übrigens typisch für die mystische
Auffassung eines Rumi zu sein. Bei einem anderen großen persischen
Dichter, Nizâmî (1141–1209), der sich ebenfalls zu der beherrschen-
den Macht des Herzens bekennt, wird die sinnliche Seite stärker
berücksichtigt, wenn es heißt:

> Denn das Herz, das unser Herrscher heißt,
> Ist gemischt aus Körper und aus Geist.

44

Am Herzenshaus einst klopft ich nachts,
begehrend den Segen des Herzens.
Kam eine Stimme: «Wer ist da?»
    Ich sprach: «Ein Jünger des Herzens!»

Da strahlte durch der Türe Spalt
ein Glanz von jener Lichtgestalt,
für Herz und Aug ein Weggeleit
    von jenem Fürsten des Herzens.

Vom Licht, das aus dem Herzen bricht,
des Herzens Gasse ist voll Licht;
der Sonne und des Mondes Krug
    fülln sich am Becher des Herzens.

Die Allvernunft, so herrscherlich
sie ist, dem Herzen beugt sie sich,
denn den Verstand und wer ihm gleicht,
    umgarnt die Schlinge des Herzens.

Zum Himmel auf stieg Hall und Schall,
in Wallung kam das ganze All,
der Menschheit Fassung kam zu Fall
    ob jener Botschaft des Herzens.

Ja, Gottes Thron und Schemel schier
entlehnen Licht des Herzens Zier,
der Heilige Geist sitzt vor der Tür,
    schaut auf zum Dache des Herzens.

Berauscht ist ganz von Herzens Wein,
durch Herzens Macht besiegt das Sein.
Die Fernen der neun Himmel sind
    nur wie zwei Schritte des Herzens.

Das Gedicht entfaltet die Lehre vom Herzen als dem inneren Kosmos, dem eigentlichen Schauplatz des mystischen Erlebens. Der Angeredete ist der mystische Freund bzw. Gott selber.

Das «Haus des Herzens» ist die Heimstatt der Seele, real gegenwärtig in der Wohnung des mystischen Freundes. Rumi beschreibt hier einen jener Augenblicke, da ihn die kosmische Macht des Herzens überwältigt, da er sie als jene überirdische Energie wahrnimmt, die den gesamten Kosmos bis hin zu Gottes Thron mit Licht und Kraft versorgt.

45

Vernimm mit dem Herzen die wortlose Weisheit,
begreife, was sonder Begriff und Verstand!
Im Herzen der Menschen ist Glut wie im Steine,
den irdischen Schleier verzehre ihr Brand!
Denn erst wenn der irdische Schleier verbrannt ist,
wird inneres Wissen, wird Chiser erkannt;
Und tief in der Seele, im Herzen entdeckst du
die uralte Liebe in jungem Gewand.

Die Glut des Herzens ist oft wie das Feuer im Feuerstein verschlossen und bedarf der Befreiung. Chiser ist der Hüter des Lebenswassers. Lebenswasser als Frucht des Liebesfeuers: das ist eine der mystischen Paradoxien, die auch im nächsten Gedicht nochmals anklingt.

46

Das Herz spricht zum Herzen in sehnendem Neigen,
die Sprache der Liebenden redet's im Schweigen.
Ich rede, doch ohne die Zunge zu regen,
wo neidische Lauscher Verstecken entsteigen.
Ich weiß, es sind Zungen und Ohren Verräter,
dem Herzen ich trau, das wird treu sich erzeigen.
Es leuchtet wie feurige Fackeln im Auge
der feurige Witz, der dem Herzen zu eigen.

Doch seltsam genug, daß im feurigen Herzen
sich Rosen, Jasmin und Zypressen verzweigen!
Ja, daß von dem Feuer der Garten recht grünet,
daß Feuer und Feuchte einander sich neigen.
O Freund, dessen Aue der Geist sich erkoren,
wo Herz und Vernunft pflücken Früchte im Reigen!

Die Aussage, daß Herz und Verstand sich vertragen, ist bei Mystikern
alles andere als selbstverständlich und verdient eigens hervorgehoben
zu werden. Der im letzten Vers unserer Übertragung Angeredete ist
der mystische Geliebte.

47

Wer den Freund erwartet voll Verlangen,
wird gewißlich höchstes Glück erlangen!
Auen, da den Regen sie erwarten,
heben an, von Blüten bunt zu prangen.
Licht-Erwartung wandelt zu Juwelen
Erze, die im tiefen Schacht gefangen.
Und den Samen wandelt die Erwartung
in ein Prinzchen klein mit holden Wangen.
Ruhelos das Mühlrad ist und rege
in Erwartung, Wasser zu empfangen.
Die Erwartung göttlicher Belehrung
hebt die Schleier, die den Blick verhangen.
Güte ohne Grenzen: Ihn erwarten
macht uns würdig, einst Ihn zu umfangen!
Kündend, was des Freunds Erwarten wirke,
wird mein Lobpreis nie ans End' gelangen.
Kreisen doch im Reigen Mond und Sonne,
weil erwartungsvoll an Ihm sie hangen!

Sehnsucht als belebende Macht der gesamten Schöpfung – davon war
schon die Rede. Was oft als unverdiente Gabe geschildert wird, er-

scheint hier als Frucht, ja unmittelbares Resultat des sehnenden Ver-
langens, der «Erwartung» (*intizâr*), eine psychologisch zweifellos
richtige Erkenntnis.

48

Eine Aue, zu der alle
    Blumen fliehn, weil sie sie hütet,
keine Rosen dort verwelken,
    weil kein Herbst, kein Winter wütet,
Eine Palme in der Wüste,
    deren Krone stattlich schwebet,
wer in ihrem Schatten schlummert,
    trunken sich hernach erhebet,
Eine Sphäre allumschließend,
    die die Seelen all ersehnen,
wo Saturn sich nicht erkühnet,
    Venus frevelnd zu verhöhnen,
Ein Juwel aus edlem Horte,
    weilend an dem Nichtort-Orte –
davon glänzt das Aug in Tränen,
    spricht das Herz auch ohne Worte.

Saturn ist der Unglücksplanet, Venus dagegen sind Musik und Tanz
zugeordnet.

49

Faß ich auch Deine Anmut nicht in Worte,
Dein Siegel trag ich immer in der Brust.
Lockt mich ein Rosenduft je ohne Liebe,
wie Dorngestrüpp Du mich verbrennen mußt.
Bin ich auch stumm gleichwie im Meer die Fische,
wie Meer und Wogen bin ich ohne Ruh'.
O der Du mir ein Siegel auf die Lippen

gelegt, zieh meine Zügel auf Dich zu!
Was liegt im Sinne Dir, was kann ich wissen?
Ich weiß nur dies: ich lauf in diesem Zaum,
Käu wieder wie Kamele meine Sehnsucht,
trunk'nen Kamelen gleich am Maule Schaum.
Doch was ich auch verberge und verschweige,
wird offenkund der Liebe Gegenwart;
Bin wie ein Samenkorn im Staub verborgen,
das auf des Frühlings Wink und Weisung harrt.

Auch in diesem Gedicht ist die aus Sehnsucht geborene Unruhe und
Bewegung in der Natur das beherrschende Motiv. Erstmals in dieser
Anthologie begegnet hier das bei Rumi so häufige Kamel-Motiv (vgl.
Kommentar zu Nr. 51). Der Dichter spielt im übrigen mit den schrift-
gleichen Wörtern *mihr* = «Liebe» und *muhr* = «Siegel».

50

Es zog der heimliche Reiter vorbei, von Staub umstoben,
Er schwand vom Platze und mit Ihm ist auch der Staub
    zerstoben.
Du blicke nur recht und äuge nicht lange zur Rechten und
    Linken;
Sein Staub ist hier, doch Er selber im Ewigen Reiche droben.

Der heimliche Reiter, wörtlich «der Reiter aus der unsichtbaren Welt»
(*sawâr-i ghaib*), ist Bild für die Manifestation Gottes, die nie selber,
sondern nur in ihren Wirkungen sichtbar wird.

51

Trunken wurden die Kamele!
    Schau den Tanz an ohne Fehle!
Wer verargt es dem Kamele,
    daß ihm Werk und Weisheit fehle?

Weisheit ist uns Seine Gnade;
    unser Werk folgt Seinem Pfade,
unsre Wärme ist Sein Odem,
    nicht der Junisonne Schwüle.
Denn Sein Odem spendet Leben
    einst, wenn die Posaunen schallen,
und Sein Werk ist: «Sei! da ward es...»
    nicht verhaftet ans Kausale.
Wir auf unsern Wegen schreiten
    hin auf Nelken und Narzissen,
schreiten nicht durch öde Breiten
    wie gewöhnliche Kamele!
Denn gewöhnliche Kamele
    haften stets an Lehm und Wasser;
doch was gelten Lehm und Wasser
    unserm Herzen, unsrer Seele?
Einst hat auf des Frommen Bitten
    jene Stute Gott erschaffen:
Wo der Berg zum Dienst sich gürtet,
    ist des frommen Wunders Quelle!
Wir sind jene Gottes-Stute!
    Weh euch! Streitet nicht dawider,
daß das Schwert der Ew'gen Wahrheit
    nicht auf eure Häupter schnelle!
Nicht nach Osten, nicht nach Westen
    wandern wir auf unsrer Reise;
nein, nur immerdar wir wandern
    zu des Ew'gen Lichtes Helle.
Heda, setz dich nieder trunken,
    schwenk dein Haupt und sag: «jawohl!»
Schamsuddîn will dich belehren
    im Geheimnis der Ghasele!

Der Vergleich mit den Kamelen zieht sich hier durch das ganze Gedicht; aber es wird auch deutlich gesagt, daß nicht von «gewöhnlichen Kamelen» die Rede ist. Vielmehr sind die Kamele, von denen Rumi redet, gleichsam Nachkommen jener im Koran erwähnten «Kamelstute Allahs», die dem Propheten Sâlih als göttliches Zeichen gegeben wurde. Das Volk der Thamûd, zu denen Sâlih gesandt war, sollte sie in «Gottes Land» weiden lassen und ihr zu trinken geben. Tatsächlich aber durchschnitten die verstockten Thamudäer der Stute die Sehnen, wofür Gottes Strafe sie unverzüglich ereilte (Sure 7,73).

«Nicht nach Osten, nicht nach Westen» – das ist ein Hinweis auf jene von den Mystikern immer wieder betonte Befindlichkeit jenseits von Raum und Zeit, im übrigen aber eine Anspielung auf Sure 24, 35, wo das göttliche Licht mit einer Lampe verglichen wird, die von dem Öl eines Olivenbaumes entzündet wird, der «weder von Osten noch von Westen» stammt.

Schwierig ist der letzte Vers, denn hier werden eine ganze Reihe von Vorstellungen durch kurze Chiffren geweckt und miteinander verwoben. Das trunkene Kamel (mit Schaum am Mund, vgl. Nr. 41) erinnert an die epilepsieartigen Anfälle des Propheten während seiner Auditionen. Das Wort «jawohl» (*balâ*) ist die Antwort der Seelen am Tage des Urvertrages auf Gottes Frage: «Bin ich nicht euer Herr?» In Nr. 2 hörten wir, daß nach mystischer Vorstellung die Seelen zu jenem Zeitpunkt ebenfalls trunken waren. Hier erhellt der Inhalt der zweiten Vershälfte: Schams-i Tabrisi, von dem Rumi berauscht ist, inspiriert den Dichter ebenso wie Gabriel den Propheten; ihm verdankt er zu einem guten Teil seine Ghaselen. Kein Wunder also, daß er ihm ein freudiges «jawohl!» entgegenruft, erblickt er doch in Schams tatsächlich den Herrn seiner Seele.

52

O Volk der Mekkapilger, wohin des Wegs, wohin?
Hier ist der, den ihr liebet! Eilt, eilt und werdet's inn!
Er teilt mit euch den Schatten, wohnt mit euch Wand an
    Wand:
Was irrt ihr in der Wüste? Was macht euch wirr den Sinn?
Schaut die Gestalt des Freundes, die frei ist von Gestalt,
und wißt: ihr seid die Kaaba, seid Haus und Herr darin!
Das Haus ist schmuck: ihr brachtet oft Zeichen davon her.

Zeigt auch vom Meister Zeichen! Kamt auch zu Ihm ihr hin?
Wo ist ein Strauß von Rosen, wenn ihr den Garten saht?
Wenn ihr aus Gottes Meer stammt, wo ist des Meers
    Gewinn?
Ihm gelte all dein Trachten, deinem verborg'nen Schatz!
Ach, ihn verhüllt der Schleier, den webet dein «Ich bin».

Die «gestaltlose Gestalt» des Freundes ist der mystische Freund oder
das Phantasiebild von ihm, ist der Nachbar und Nächste, den es zu
lieben gilt, und ist, nicht zuletzt, die Gegenwart Gottes im Herzen des
Menschen. Der Gedanke an den mystischen Freund, die Sorge um
den Nächsten, die Reise ins eigene Herz führt daher eher in göttliche
Nähe als die zur Kaaba in Mekka. Dorthin nämlich reisen viele, ohne
vom «Meister», vom mystischen Freunde, von Gott, Zeichen und
Kunde zu erlangen: Der Schleier des eigenen Ich verwehrt ihnen, den
«verborgenen Schatz» im eigenen Herzen zu erkennen. Das Motiv er-
scheint auch in einer Legende der berühmten Mystikerin Râbi'a
(714–801): Mitten in der Wüste erblickt sie die Kaaba und ruft aus:
«Ich brauche den Herrn der Kaaba!»

53

Könnte sich von Ort zu Ort fort der Baum bewegen,
litt' er nicht der Säge Pein samt des Beiles Schlägen.
Sonne nicht noch Mondenschein würden Licht uns spenden,
wenn sie, wie die Steine starr, nicht am Himmel zögen.
Euphrat, Tigris, Oxusstrom, – o wie wär'n sie bitter,
wenn sie stets am gleichen Ort wie die Meere lägen.
Wenn die Luft im Schachte steckt, ist sie bald verrottet:
Sieh nur, welcher Schaden kommt von der Luft, der trägen!
Wird das Feuer müd und matt von der Flamme Lodern,
auf die Asche senkt's das Haupt, Schwund und Tod erlegen.
Doch wenn Meereswasser steigt hoch empor zur Wolke,
wird's vom Bitteren befreit, fällt als süßer Regen.
Joseph sieh von Kanaan, wie er fort vom Vater
nach Ägypten reisen mußt', daß ihm würde Segen.

Mose sieh vom Haus Imran, wie er von der Mutter
fort nach Midian kam und ward Herr auf Gottes Wegen.
Jesus sieh, der wandernd ward zu dem Lebensborne,
dessen Strom den Toten schenkt neuen Lebens Regen.
Sieh Muhammad auch zuletzt, der entwich von Mekka
und als Feldherr wiederkam stark und überlegen.
Wie in nächt'ger Himmelfahrt auf Burak er reiste,
bis er jenen Stand erstieg «näher als zwei Bögen»!
Schüfe es dir nicht Verdruß, nacheinander würd ich
aller Wanderer der Welt Wege jetzt erwägen!
Doch da ich ein Wen'ges wies, wisse du das Weitre:
Reise aus dem eignen Sein Gottes Sein entgegen!

Bewegung als Prinzip des Lebens, auf Gott gerichtete Bewegung als
Prinzip sinnerfüllten Lebens – das ist der Grundklang dieses lehrhaf-
ten Gedichtes. Muhammads Himmelfahrt wird als krönender Höhe-
punkt des seligen Reisens genannt: Auf dem Flügelroß Burak stieg er
empor bis in den obersten Himmel, in unmittelbare Nähe Gottes,
«näher als zwei Bogenwürfe» –, wie es in Anspielung an eine im Ko-
ran geschilderte Vision Muhammads heißt, die allerdings in orthodo-
xen Kommentaren nicht auf Gott, sondern auf Gabriel bezogen wird,
während sie die Mystiker mit Muhammads Himmelfahrt verbinden
(vgl. Sure 53,5 ff.).

Moses Reise nach Madyan (= Midian) wird im Koran (Sure
28,22–28) berichtet, die Josephsgeschichte in Sure 12. Jesu von allem
Irdischen losgelöste Wanderschaft entstammt der frommen Tradition
und ist Teil des Jesusbildes der islamischen Mystik. Daß er Tote er-
weckte, erwähnt der Koran mehrfach (vgl. z. B. Sure 5,110). Erinnert
sei auch an die koranische Aufforderung: «Reist auf der Erde und
schaut, wie Er die Schöpfung begonnen hat!» (Sure 29,20)

54

Das Himmelsrad samt aller Majestät
um Gott den Herrn sich wie ein Mühlstein dreht.
Um Gottes Kaaba sollst du, Seele, kreisen,
um Jesu Tafel, Bettler, kreise stet!

Roll wie ein Poloball auf Gottes Rasen,
wenn dir der Sinn samt Kopf und Fuß vergeht!
Dir kreisen die Figuren um den König,
ob auch dein Spiel aus manchem Zug besteht.
Den Königsring verlieh Er deinem Finger;
und wie er kreist, erfüllt sich dein Dekret.
Wer um das Herz vollführt den heil'gen Zirkel,
der wird zum Freund, den eine Welt erfleht.
Doch wer zum Herzen ward, der folgt dem Falter,
kreist um die Kerze, wo die Flamme weht,
Verbrennt den Leib und eint das Herz der Flamme:
Die Lust der Art zur eignen Art hingeht!
Weil Lauteres nach Lauterm trägt Verlangen,
kreist in den Sphären jeglicher Planet.
Und ums Vergehen kreist des Derwisch Seele,
strebt zu ihm hin wie Eisen zum Magnet.

Auch in diesem Gedicht geht es um Bewegung, diesmal um die kreisende, die um Gott kreisende Bewegung. Gott selber ist die Kaaba
und der gedeckte Tisch, der Jesus nach Sure 5,112–115 von Gott
herabgesandt wurde. Er ist die Tafel, das Herz, die Mitte, die es zu
umkreisen gilt. Kunstvoll ist der Übergang vom königlichen Polospiel
zum Schach-König und zum Königsring des Salomo, der Macht verlieh über die Geister. Und zur Magie und Astronomie gesellt sich später die Alchimie: Denn was über die Lust der Art und den lauteren
Stoff gesagt wird, erinnert ganz deutlich an den Pythagoras zugeschriebenen alchimistischen Kernsatz: «Die Natur erfreut sich der
[verwandten] Natur.» (Vgl. D. Gutas, Greek Wisdom Literature in
Arabic Translation. A Study of the Graeco-Arabic Gnomologia. New
Haven 1975, S. 69, Nr. 11.)
   Das Bild vom Falter, der aus Liebe in die Flamme fliegt, kennen
wir aus Goethes Gedicht «Selige Sehnsucht» im *West-östlichen Divan*; es taucht erstmals in einem Gedicht des arabischen Mystikers
Hallâdsch auf (vgl. Nr. 2). Goethe übernahm es von Hafis.

55

Ich suchte die Seele im Meere, da traf ich Korallen an,
Traf unter den schäumenden Wogen verborgenen Ozean.
Ich ging durch das Dunkel des Herzens auf schmalem Pfade
   dahin,
Ging, ging und fand eine Wüste am Ende der endlosen Bahn.

Reisen und Kreisen, der Pfad und das Ziel, sind mystische Grundbe-
griffe. Aber wo ist das Ziel? Wir erinnern uns an die Frage: «O
Mond, wo ist dein Haus?» Dem Mystiker steht bald der persönliche
Gott, bald das All in seiner Unendlichkeit als Ziel vor Augen. Ist das
letztere der Fall, gebraucht er dafür nicht selten das Bild der Wüste,
das sich auch in der abendländischen Mystik häufig findet.

56

Mir ist, als ob ich ritte auf einem Marmorroß,
Durch grauenvolle Schluchten ritte, die Zügel los.
Das Roß, es rast, ein Vogel, der vor der Falle flieht, –
Die Heimstatt dieses Rosses – wo ist, wo ist sie bloß?

Mit dem Marmorroß ist die Zeit gemeint, die in ihrem Wechsel von
Tag und Nacht der Marmorierung eines Schecken vergleichbar er-
scheint.

57

Gefährtenschaft soll, Freunde, uns beglücken!
Kommt, laßt uns nahe zueinanderrücken!
Rückt noch ein wenig näher, gute Freunde,
damit wir Aug' und Wangen recht erblicken!
Ein gleiches Streben einigt uns im Innern,
glaubst du es anders auch an äußern Stücken.
In diesem Nu, da wir, im Kreis vereint,
nach Rosen, nach der Schale Weins uns bücken,

Gehn wir vom Sichtbaren zum Unsichtbaren,
wohin uns Gottes Boten-Worte schicken.
Wir gehn vom Hause immer hin zum Garten,
Zypresse und Jasmin nachbarlich nicken.
Wir treten täglich in den Garten ein
und tausend Blumen frischerblüht erblicken,
Und Strauß um Strauß, auf daß die Pfade wir
der Liebenden bestreuen, froh wir pflücken.
Und uns umweht der andern Rose Duft,
den Garten «Wahrheit» rosengleich wir schmücken.
Die Welt ward voll von jener Rose Duft,
der ruft: Komm her und laß auch dich berücken!

Das Gedicht beschreibt in besonders liebenswürdiger Weise die Or-
densgemeinschaft, die so oft – und so auch im Falle Rumis – einen
wichtigen Bestandteil mystischen Lebens bildet. Und wieder fließen
Außen und Innen ineinander: Der Klostergarten wird zum «Garten
der Wahrheit», in welchem der Duft «der anderen Rose» weht. Zu
Vers 3 («Ein gleiches Streben...») vgl. Rumi, Von Allem und vom
Einen, S. 78.

58

Ärzte sind wir und Doktoren
        weit von Bagdad hergereist,
haben schon so mancher Kuren
        sehr erfolgreich uns befleißt.

Alte Leiden und Gebresten
        heilen wir zum Allerbesten
mit der Zange, die das Übel
        rasch aus Sehn' und Adern reißt.

Ärzte sind wir sehr geschickte,
        da der Heiland uns entzückte,

und wir hauchen neues Leben
    Toten ein mit unserm Geist.

Fragt doch jene, die's gesehen,
    nach den Zeichen, die geschehen,
wie ein jeder, den vom Leide
    wir erlösten, laut uns preist!

Ärzte fremd auf ferner Reise
    haben uns auf fremde Weise
mit Arzneien und Latwergen,
    die man nie gesehn, gespeist!

Sorgen woll'n den Weg wir wehren,
    Kummer aus den Kammern kehren,
schöne, gute Gotteszeugen,
    deren Glanz durchs Dunkel gleißt!

Ärzte sind wir göttlich-wahre,
    heilen ohne Honorare,
denn wir sind von reiner Seele,
    keine Gier uns geilen heißt.

Und verschreiben wir Banane,
    Myrrhe und Myrobalane,
sind es Paradiesesfrüchte,
    nicht die Speisen, die du weißt.

Wer wie wir als Arzt erfahren,
    darf die Flaschenschau sich sparen,
da er, wie im Leib die Seele,
    durch den kranken Körper kreist.

Doch nun schweig und laß die Worte,
    denn wir fliegen von dem Orte
falkengleich davon; es hausen
    Eulen leider hier zumeist!

Entwarf das vorige Gedicht eine Miniatur-Idylle des mystischen Ge-
meinschaftslebens, so beleuchtet dieses einen der wichtigsten Aspekte
der gesellschaftlichen Funktion der Mystiker: Ihre Rolle als Seelsor-
ger, oder modern gesagt, Psychiater. Solche Seelenärzte hatte es in der
Glanzzeit des abbasidischen Kalifats in Bagdad tatsächlich gegeben.
Aber Rumi denkt hier wohl wieder eher an das Vorbild des großen
Bagdader Mystikers Hallâdsch (vgl. Nr. 2), der ja auch ein großes
Charisma besaß. «Zange» oder eigentlich «Haken» ist natürlich me-
taphorisch gemeint und steht für die Kraft des Herzens, die Liebe.
Der größte Arzt in jedem Sinne ist nach islamischer Vorstellung Jesus,
«der Führer der Wandernden», wie ihn die Derwische gerne nannten.
Mit «Banane, Myrrhe und Myrobalane» geben wir die von Rumi
nicht ohne Ironie angeführten beiden Drogennamen *halîle* und *balîle*
wieder, zwei Myrobalanenarten. Da die Leiden, die der Mystiker be-
handelt, seelischer Art sind, bedarf es weder der Verschreibung von
normalen Drogen noch der Urinbeschau, d. h. der wichtigsten Form
der Diagnose in damaliger Zeit. Freilich wird diese Art der Therapie
nur allzu leicht von Scharlatanen mißbraucht und von der rational-
somatischen Medizin verdächtigt. So müssen die Falken trachten, den
Eulen zu entrinnen! Zum Motiv dieser Vögel bei Rumi vgl. A. Schim-
mel, The Triumphal Sun, S. 117.

59

O komm, Du Seele, Seele
    der Seelen all des Reigens!
Komm, wandelnde Zypresse,
    ins Blütental des Reigens!
O komm, desgleichen niemal'n
    gewesen noch je sein wird!
O komm, desgleichen keiner
    gesehn im Schwall des Reigens!

O komm, in dessen Schatten
        des Lichtes Quelle schimmert,
dem tausend Spieler dienen
        im Himmelssaal des Reigens!
Der Reigen wird Dir danken
        mit hundert reinen Zungen;
nur ein, zwei Takte sing ich
        im Tönefall des Reigens.
Es weicht aus beiden Welten,
        wer eintritt in den Reigen,
nicht bergen beide Welten
        das Weltenall des Reigens.
Ist auch Dein Dach nicht niedrig,
        das Dach der siebten Sphäre,
noch höher reicht die Leiter –
        Stufen ohn' Zahl – des Reigens.
Laßt alles eure Füße
        zerstampfen, was nicht Er ist.
Ihr seid dem Reigen eigen,
        euch ward die Wahl des Reigens!
Umschlingt je meinen Nacken
        die Liebe, sollt ich's wehren?
Ich will sie eng umfassen,
        wie's recht der Fall des Reigens.
Sind die Atome trunken
        vom Strahlenstrom der Sonne,
beginnen sie zu tanzen
        auch ohne Hall des Reigens.
Schams, Du der Liebe Urbild,
        o komm! Der Mund erlahmte,
verliebt in Deine Lippe,
        dem Liederschall des Reigens!

Dieses großartige Gedicht behandelt den Reigentanz, eine wichtige Form des Gemeinschaftslebens und gleichzeitig das zentrale Symbol der Mevlevi-Derwische. Wie die Sonnenstäubchen oder Atome im Licht, so tanzen die Derwische um den mystischen Freund oder den Ordensscheich, in welchem sich dann im Augenblick der höchsten Ekstase die Gegenwart Gottes manifestiert. Der Reigen ist aber auch Symbol der gesamten Gott dienenden und ihn anbetenden Menschheit, ja der ganzen Schöpfung (vgl. Nr. 60). Auch der Reigen endet mit dem Verstummen als Vorstufe der *unio mystica*.

60

Geneigt blieb stets mein lauschend Ohr
    und immer neu erwartungsbang,
daß unverhofft von irgendwo
    ihm nahen sollt der schöne Klang.
Gewohnheit ward es ja dem Ohr,
    dem Ohr, das Melodien trinkt,
daß es Musik vernimmt, die hold
    auf Erden klingt, vom Himmel sinkt.
Teil hat am Himmels-Reigenspiel
    der Reigen, der auf Erden kreist,
teil hat der Leiber Reigen hier
    am Reigen dort von Seel' und Geist.
Sieh an des Donnerrollens Wucht,
    sieh, wie es wirkt in Feld und Wald,
wieviele Blüten, wieviel Frucht
    erwuchsen in der Furcht Gewalt!
Ein Himmelsruf im Nichts erscholl,
    das Nichts sprach – «ja, ich hör es wohl!
ich setz den Schritt, wohin ich soll,
    frisch, jung und grün und freudenvoll!»
Und lauschte Gottes Ruf «*A-last*»,
    ließ trunken hinter sich die Rast,
Nichtsein es war und wurde Sein,
    Tulpe, Weide und Seidelbast.

Daß der Reigen Symbol der gesamten Schöpfung ist, wird hier noch deutlicher als im vorigen Gedicht. Der Donner als Stimme der belebenden Regenwolke bildet den Übergang von der Musik des Reigens, die die Tänze in Bewegung setzt, zu Gottes Ruf: «Bin ich nicht euer Herr?» (*a-lastu bi-rabbikum* – im Persischen immer zu *a-last* verkürzt, Sure 7,171), der, wie schon ausgeführt, von den Mystikern als Garantie für den Rückfluß der Schöpfung in den Schöpfer betrachtet wird. Mit «Seidelbast» ist, dem Reim zuliebe, das persische *daimarân* wiedergegeben, was wörtlich «wildes Königskraut» bedeutet. Auch *daimarân* steht im Reim, spielt aber vielleicht gleichzeitig an *damîr* – «das Innere» – an.

61

Was ist es wohl, worauf beruht der Adel des Reigensanges?
Und was, das ist, der Flut verwandt, ein Ort des Unterganges?
Es naht und schwindet zu verhüllt, als daß man es erfasse;
Doch kommt von Flöte und Trommel nicht die Wonne
      solchen Klanges!

Der Reigen endet im Rausch der Ekstase und deutet damit voraus auf den Rausch des Entwerdens, den «Rausch des Todes», von dem der Koran spricht (Sure 50,18).

62

Nach jedem Reigen fragst du:
      Wo blieb nun das Getümmel?
ist es gar nicht gewesen?
      War's da und ist entschwunden?
Nein! Leugn' es nicht, es war da.
      Denk an den Stab des Mose:
Was diesen Nu ein Stab schien,
      im nächsten Nu war's Schlange.
Und was da schlangenleibig,
      Lippe gepreßt auf Lippe,

die Welt verschlingen wollte,
    ward wiederum zum Stabe.
Ein Urstoff eigestaltig
    wallte und ward zum Meere,
das schäumte, Schaum ward Erde,
    aus ihrem Rauch der Himmel.
In Mann und Weib entbrannte
    das Blut und ward zum Samen,
und aus zwei Samentropfen
    erwuchs ein Zelt im Raume.
Da kam vom Reich der Seele
    die Streitmacht her des Menschen:
Vernunft ward zum Wesire,
    das Herz zum Padischahe.
Bis daß das Herz gedachte
    an jenes Land der Seele
und seine ganze Streitmacht
    ins Ewige Reich zurückzog.

Wer einmal erlebt hat, wie der Scheich eines Ordens Tanzender Der-
wische, z. B. der Halvetiye-Cerrahiye in Istanbul, im Augenblick
höchster Ekstase und wahrhaft wilden Getümmels plötzlich den Tanz
abbricht, und wie die Jünger sich sofort still im Kreis auf den Boden
setzen und ihre Erregung in liturgischen Gesängen verebben lassen,
begreift den Anfang dieses Gedichtes. Rumi wird auch dieser Vor-
gang wieder zum Symbol, nämlich für das *panta rhei, das* «alles
fließt», des Lebens, für den ständigen Wandel, in dem alles begriffen
ist. Das läßt ihn an die Wunder Moses vor Pharao, an die Entstehung
der Welt und des Lebens denken. Aber wie der Reigen im Verstum-
men, so endet der irdische Wirbel mit der Rückkehr in Gott. Die
Wunder Moses erwähnt der Koran an drei Stellen: Sure 7,103 ff.;
20,56 ff.; 26,10 ff.

63

O komm! Zu Dir aus Liebe ward mir der Sinn betört!
War ich die Stadt, die stolze, so ward ich arg zerstört.
Aus Liebe ich mich löste von allem Hab und Gut
und ward des Liebesschmerzes einsamer Hausgefährt'.
So reif und weise war ich, wie ich nicht sagen kann;
doch erst als Dich ich schaute, ward ich als Mensch bewährt.
Als ich erkannt': Dein Leben, es ist das Leben selbst,
hab' ich von meinem Selbst mich als Fremder abgekehrt.
Einst las ich Liebesmärchen wohl tag- und nächtelang;
jetzt ward ich der, des Liebe zu Dir im Märchen währt.

Wahnsinn aus Liebe ist ein uralter Topos der orientalischen wie der
abendländischen Geisteswelt. Man denke an Platons *Phaidros*. In der
islamischen Mystik vereinte sich dieses griechische Erbe mit traditio-
nellen Motiven der Liebespoesie, die sich bis in die altarabische Zeit
zurückverfolgen lassen. Und nicht nur literarische Tradition, auch
tragische Wirklichkeit ist hier im Spiel. Jene «Asra» oder eigentlich
«Udhra» «welche sterben, wenn sie lieben» (H. Heine, Der Asra),
waren bekanntlich ein altarabischer Stamm. Und ein altarabischer
Dichter war auch jener Madschnûn, der wahnsinnig wurde, weil
seine Liebe zu Lailâ keine Erfüllung fand. Es ist diese letztgenannte
Liebe, die «im Märchen währte», die in zahlreichen Versepen besun-
gen wurde und auf die die lyrischen Dichter Persiens und anderer is-
lamischer Länder immer wieder anspielten. Auch Rumi tut das mehr-
fach namentlich, so daß es naheliegt, obige Verse auf Madschnûn zu
beziehen.

64

Wo ist ein Mittel besser als die Tollheit,
da hundert Anker lösen sich aus Tollheit?
Wie manche wurden glaubenslos aus Klugheit,
doch sah ich keinen glaubenslos aus Tollheit!
Der Gram ward fett, drum auf und werde toll!

Denn mager wird der ärgste Gram durch Tollheit!
In den Ruinen, wo die Narren hausen,
ergreife den Pokal geschwind aus Tollheit!
O wie beraubt, wie sehr entbehrend sind
doch Kaikubad und Sandschar jener Tollheit!
Doch froh und siegreich ist und reich an Glück
das große Heer der Ritter von der Tollheit!
Du steigst zum Himmel auf wie der Messias,
hast Federn du und Flügel von der Tollheit!
Schams-e Tabris, aus Liebe zu Dir hab'
ich offen hundert Tore für die Tollheit!

Madschnûn bedeutet «toll, närrisch», eigentlich aber «der von
Dschinnen Besessene»; und das gleiche gilt für das persische Wort
dîwâne, dessen zugehöriges Substantiv *dîwânegî* den Echoreim des
obigen Gedichtes bildet. Es bedeutet ebenfalls «toll», eigentlich aber
«dämonenhaft». Dies muß man sich vor Augen halten, wenn man
das Gedicht richtig verstehen will. Es handelt von jenem eben schon
erwähnten «göttlichen Wahnsinn» der Liebenden und der Dichter,
auch dem Wahnsinn, unter dessen Maske manche Mystiker ihre Ver-
schmelzung mit Gott verkündeten, ohne es mit dem Leben zu bezah-
len, z. B. Abû Yazîd Bistâmî (Bâyâzîd), Schiblî u. a.

65

Ich habe eine Dose voll Worte, voller Sinn.
Die Seele will drauf lauschen; du aber hörst nicht hin!
In deinem Selbst befangen, bist meiner Worte satt:
Da hält den Kopf sich einer, der Kopf und Herz nicht hat!
Und sind die Hörer alle entschwunden – dann, o dann
heb neuen Gram zu klagen dem alten Freund ich an!
Wann würde denn ein Fisch je des Wassers Feuchte satt?
Wann satt des innern Wissens, wer Durst nach Wahrheit hat?
Und sind sie satt, die Hörer des Wortes, das berauscht, –
die Seele sitzt im Ringe des Ohrs und lauscht und lauscht!

Rumi weiß, daß seine Dichtung, voll von Trunkenheit und Tollheit, nicht für jedermann ist. Sie ist «Seelenkost». Die Seele lauscht daher aus größtmöglicher Nähe, aus dem «Ohrring» des Dichters. Doch Rumi hat hier noch einen zweiten Gedanken hineingeheimnist: Wessen Ohrring man trägt, dessen Sklave ist man. «Die Seele lauscht im Ohrring» heißt also gleichzeitig: Sie ist eine ergebene Sklavin des inneren Wissens.

66

Wo weilt der Sinn des Liebenden? Beim Lüftchen hold.
Wo weilt der Sinn der Verständigen? Bei Silber und Gold.
Wo ist der Ort der Rosen? Im Himmelswiesengrunde.
Wo ist der Ort der Scheite? Im tiefsten Höllenschlunde.

67

Aus Deinem Anlitz kann man
    ein Rosen-Rankwerk machen.
Aus Deinem Lockenschwall kann
    man Hyazinthen machen.
Aus meinem krummen Rücken,
    gebeugt vom Gram der Liebe,
kann über'n Strom der Tränen
    man eine Brücke machen,
Aus meinen blut'gen Tränen,
    so blank wie Atlas, kann man
für den Burak der Liebe
    eine Schabracke machen.
Aus jedem Ring der Locken
    der beiden krausen Zöpfe
kann man für stolze Nacken
    schmerzhafte Fesseln machen.
Du bist ein Meer, o Seele,
    ich bin ein einz'ger Tropfen,

indessen kann das Teilchen
    man ja zum Ganzen machen.
Mein Herz in hundert Splitter
    zerbrach, und jedes klagt nun;
doch kann man aus den Splittern
    viel Nachtigallen machen.
Du bist das K des Kandis,
    ich's L der bittern Lippe:
Aus unserm K und L kann
    die Silbe *kul* man machen.
Ich habe eine Amme,
    das ist das An-Dich-Denken;
sie spendet Milch, draus kann man
    ganz süßen Honig machen.
Schweig still, auch ohne Worte
    und ohne Zungenkrümmen,
kann man die Welt voll Tönen
    und tollem Trubel machen!

In diesem Gedicht arbeitet Rumi mehrfach mit der für die gesamte
persische Poesie wichtigen rhetorischen Figur der «phantastischen
Argumentation». Ein glänzendes Beispiel ist etwa der zweite (in der
Übersetzung dritte und vierte) Vers. Diese Argumentation paßt gut
zum Gegenstand dieses Gedichtes, der Dichtung. Die Phantasie des
Dichters ist es ja, die all jene Veränderungen zu vollbringen vermag,
von denen hier die Rede ist. Aber Schönheit und Liebe sind die
Schwingen, mit denen sie sich beflügelt. So ist die Dichtung das Er-
zeugnis einer Art geistiger *unio mystica* – ein Gedanke, den Rumi auf
geniale Weise in dem Buchstabenspiel von Vers 7 ausdrückt: *kul* =
«sprich!» ist die im Koran immer wiederkehrende Anrede des Inspi-
rationsengels an den Propheten Muhammad. Der Vers bedeutet also:
Aus der Bitternis meiner entbehrenden Lippe und der Süße deines
Mundes – Kandis ist traditioneller Vergleich für die Zähne der bzw.
des Geliebten – erwächst das gebieterische «sprich!» dichterischer In-
spiration. Es braucht kaum noch betont zu werden, daß mit diesem
Vers gleichzeitig auch das prophetische Sprechen eine ungewohnte
mystische Deutung erfährt.

68

Daß man die Liebenden ermahnt,
    ist gänzlich ohne Nutz und End!
Die Liebe ist nicht solch ein Strom,
    daß irgendwer ihn dämmen könnt'!
Die Wonne eines Trunkenen
    kann nie begreifen der Verstand;
des unverständ'gen Herzens Lust
    ist allen Klugen unbekannt.
Des Königtumes werden satt
    die Könige, strömt in ihr Tal
ein Duft vom Wein, den Liebende
    genießen in des Herzens Saal.
Chosrou entsagt des Reiches Macht,
    auf daß Schîrîn ihm werd zuteil:
Farhâd geht hin, um ihretwill'n
    den Berg zu spalten mit dem Beil.
Madschnûn aus Lieb' zu Leilâ scheut
    den Ort, wo Kluge sind zu Haus.
Wâmik, da er an Adhrâ denkt,
    lacht aller Feinde Hochmut aus.
Und dieser Himmel, wär' er nicht
    verliebt und ruhelos wie wir,
er wäre längst des Kreisens müd'
    und spräch': «Genug, genug ist's mir!»
Die Welt ist wie ein Flötenrohr:
    Er bläst darein und wo Er blies,
ist jede Klage, die erklingt,
    von Seinen Zuckerlippen süß.
Schau und vernimm nur, wie Er bläst
    in jeden Staub, in jedes Herz,
Verlangen schenkt und Liebe schenkt,
    und wie es tönt vor Lust und Schmerz!

Liebe und Verstand sind – ein immer wiederkehrender Topos – unvereinbar (vgl. aber Nr. 46). Das verdeutlicht Rumi hier an berühmten Liebespaaren, die übrigens bis auf Chosrou und Schîrîn alle auch in Goethes «Musterbilder» und «Noch ein Paar» im *West-östlichen Divan* vorkommen. Bezeichnend ist, wie Rumi über die irdischen Liebespaare zur Liebe des Himmels und schließlich der liebeweckenden Gewalt des mystischen Freundes – denn kein anderer ist mit dem «Er» gemeint – übergeht.

69

Kennst du die Liebe nicht, so frag die Nächte,
das gelbe Antlitz frag, die trocknen Lippen!
Denn wie von Stern und Mond erzählt das Wasser,
erzähl'n von Geist und Allvernunft die Leiber.
Gar vieles lernt die Seele von der Liebe,
was man in keiner Schule lernen kann.
Verstand ahnt's nicht und staunt der Liebe Lehre,
ob er gleich alle Lehren hat studiert.
Der Herzens-Chiser, der vom Lebenswasser
der Liebe trank, ihm schmeckt kein and'rer Quell.
Ihr purer Wein kennt Kater nicht noch Brechen,
ihr köstlich Helwa Pusteln nicht noch Fieber.
Kaiser wie Bettler, alle treibt die Gier;
nur Liebe löst die Seele aus Begierden.
Flieg mit der Liebe Schwingen in die Sphären
der Sonne gleich, die ohne Wagen fährt.
Der Liebe Bettler sind die Erdenlüste,
sie ist pur Gold, vergoldet alles and're.
Preis ich die Liebe auch mit hundert Zungen,
ihr Glanz geht über allen Zungenschlag.

Das obige Gedicht, im Original 21 Verse lang, aus denen zehn für die Übertragung besonders geeignete hier geboten werden, enthält einige zentrale Aussagen über die Liebe. Sie ist eine kosmische Potenz, die sich im Leiblichen spiegelt, wie die Gestirne in den Gewässern. Das

Herz labt und belebt sich an ihr, ja es hütet sie wie Chiser das Lebenswasser. Die weiteren Verse zeigen deutlich, daß Rumi hier nicht von sinnlicher, sondern von jener übersinnlichen Liebe redet, um die es der mystischen Gottesminne zu tun ist. Dennoch gehören auch die weniger sublimen Formen der Liebe zu ihrem Reich. So kann der Mystiker sich auch der Sprache koketter Erotik bedienen, wie die folgenden Gedichte zeigen.

70

Ein selten Wild hab ich gefangen – was soll ich tun?
Mein armer Kopf ist rauschverhangen – was soll ich tun?
Ich bin ein Heuchler, ein gar frommer, doch wenn am Weg
Mich küßt ein Kind mit holden Wangen – was soll ich tun?

71

Liebster, herznah, setz Dich, setz Dich!
Seele raumlos, setz Dich, setz Dich!
Schwerenöter, Übeltäter,
schön von Antlitz, setz Dich, setz Dich!
Lange Jahre bist gefahren
auf dem Meere, setz Dich, setz Dich!
Plato weiser und Galenos,
still die Qualen, setz Dich, setz Dich!
Bitt'ren Weinen gleichst bis wannen?
Süß wie Helwa setz Dich, setz Dich!
Herzblut säufst Du! Bis wann schweifst Du?
Einen Hauch lang setz Dich, setz Dich!
Bis wann Wächter ist mein Schlächter?
Ohn' ihn Du nur setz Dich, setz Dich!
Stets vertagst Du, «morgen!» sagst Du –
ach, vor morgen setz Dich, setz Dich!
Wie der Kauthar rein und tauklar
ohne Trübung setz Dich, setz Dich!

Du, der Meine, edlem Weine
gleich ins Hirn mir setz Dich, setz Dich!
Mondenhelle, schnelle, schnelle,
lebenspendend setz Dich, setz Dich!

Die Sprache dieses und des vorausgehenden Gedichtes ist kokett. Alte
und bekannte Topoi der erotischen Poesie sind aufgenommen: Der
Geliebte als herzloser Götze, der durch seine Unnahbarkeit den Lie-
benden in den Tod treibt, der heimtückische Wächter, der jedes Stell-
dichein verhindert. Aber Ausdrücke wie «Seele raumlos» deuten auch
hier die mystische Sphäre an. Die mehrfach wechselnden Bedeutungs-
nuancen des «setz dich!» kann man im übrigen nur ahnen. – Kauthar
ist ein im Koran (Sure 108,1) erwähnter Quell im Paradies.

72

O Seele so zart, o Du meine Welt,
ich hab Dich aus seligem Schlafe geschnellt
Und fordre nun gleich ohne Scheu, ohne Scham –
ein Schuldner, von dem man nichts wiedererhält!
Doch wenn nur ein Stäubchen das Herz Dir befleckt,
so schafft es mein Tränenstrom schnell aus der Welt!
O Rose der Seelen, ich hab Dich gepflückt,
die Halle der Freuden mit Rosen erhellt.
Nun gib mir einen Kuß mir, Du weißt, daß ich gern
Rubinen annehme als Wegegeld!
So manche Nacht hab ich wachend verbracht
ob solchen Tributes im einsamen Feld.
Da muß ich wohl rufen wie Wächter es tun,
wenn Karawanen die Zollpflicht ich meld.
Der Hausgenoß floh; mein Geschrei ihn erschrak.
Der Nachbar floh auch, weil mein Ruf so gegellt.

In mehreren Gedichten vergleicht sich Rumi mit einem Zöllner, der
Straßen- oder Brückenzoll von den vorbeiziehenden Reisenden bzw.
Karawanen zu erheben hat. Dieses Rufen ist, realiter, die vermutlich

oft stürmische Bitte an seine mystischen Freunde, ihm den erhofften Tribut zu entrichten, was ihm, wie wir wissen, den Groll seiner Jünger eintrug. Daß man aber auch dieses sehr persönliche Nöte beschreibende Gedicht auf höherer Ebene deuten kann, braucht kaum eigens betont zu werden.

73

Alle Muscheln sind ein Reigen aus dem Meere Deiner Lippen,
Perlen und Rubinen neigen sich zu Ehren Deiner Lippen.
Wegelag'rer lassen steigen meine Seele zu den Lippen –
Wirst Du keinen Weg mir zeigen? – Weh Dir, wehe Deinen
    Lippen!

Die Wegelagerer, die Rumi in Todesangst versetzen – das nämlich bedeutet der Ausdruck «die Seele kommt zu den Lippen» –, sind auch hier nicht zuletzt die eigenen Jünger, die Schams-i Tabris nach dem Leben trachten.

74

Wieviel Küsse sind befohlen? Bitte, sag mir dies!
Mach mit Deiner Zähne Zucker mir das Lachen süß!
Möge Gott Dein Herz erweichen, darum bitt ich dich!
Ja, das ist ein guter Bittruf, drauf Du Amen sprich!
Doch vielleicht darf ich erschaun im Traume diese Lust?
Schlafen möcht ich, reich als Kissen dar mir Deine Brust!
Bin ich Deinen Lippen ferne, faßt mich Todesbann;
Komm und wend die Zauberformel Jesu auf mich an!
Ohne Dich des Himmels Weite ist wie eingeschnürt, –
auf und sattle den Burak, der uns zusammenführt!
Schönheit hast du, Treue ziemt sich als der Schönheit Zier;
Schönheit, die gepaart mit Treue, schenk zur Hochzeit mir!
Sterben Deine Lieben, zeigst Du Dich erbarmungsreich;
ach, was dermaleinst Du tun kannst, tu doch lieber gleich!

Schau, die Pilger sind geblieben auf der Strecke – eil!
Ihre räudigen Kamele mach Du wieder heil!
Daß zur Kaaba sie gelangen des Vereins mit Dir,
stehe ihnen bei, gib ihnen Quellen, Brot, Quartier!
O Du, dessen Glanz die Augen dieser Welt erhellt,
tu die Augen dieser Welt auf für die andre Welt!
Strahlt Dein sonnengleiches Antlitz in Epiphanie,
mache unser Herz und Auge Dir zum Sinai!
Doch genug nun! Meine Keckheit ging schon über Maß:
Wer bin ich, daß ich Dir sage: Tue dies, tu das!
Aber sollt, was ich gesprochen, ungebührlich sein,
bitt ich Dich, gib, was sich ziemet, deutlich Du mir ein!
Wall am Horizonte, Sonne von Tabris, empor,
halt dem Mond und den Plejaden ihre Fehler vor!

In diesem Gedicht läßt sich der Übergang von kokett-erotischem Ton
zu mystischer Minne, die im Freund gleichzeitig Gott meint, deutlich
erkennen. Beide Sphären verschmelzen miteinander. Einige Verse ha-
ben geradezu Gebetscharakter. – Am Sinai bat Mose nach korani-
scher Darstellung Gott, ihn schauen zu dürfen. Gott antwortete: «Du
wirst mich nicht sehen!» Er manifestierte sich (*tadjallâ*) dann aber im
Berg, worauf dieser zu Staub zerfiel (Sure 7,143). Rumi benutzt hier
das entscheidende Wort *tadjallî*, das wir mit «Epiphanie» übersetzt
haben.

75

Deiner Lippen zu gedenken,
    Deines Rings Rubin ich küsse:
Da mir jene stets Ersehnten
    nicht ersehen, ihn ich küsse.
Weil zu Deines Himmels Höhe
    meine Hand nicht weiß zu dringen;
Beug ich tief mich und den Boden,
    betend auf den Knien, ich küsse.

Rubine sind der traditionelle Vergleich für die schönen Lippen der oder des Geliebten. Dieses oft gebrauchte Bild wird von Rumi hier auf großartige Weise mit neuem Leben gefüllt. Er benutzt es, um über den Symbolcharakter der Schöpfung zu reden, in welcher im Sinne der neuplatonischen Seins-Hierarchie jede niedere auf eine höhere Stufe hinweist und in der sich der Mensch mit dem Symbol begnügen muß, wo ihm die Realität nicht oder noch nicht erreichbar ist.

76

Mit wem lag das Herz denn gestern im Streit?
Und wessen Faust hat den Blick ihm gebläut?
Das durstige Herz – aus Verlangen nach Wein
leerte es sieben Becher allein.
Betrunken war es, fiel hin im Quartier,
und tänzelnd hat es der Schlummer entführt.
Der Wächter naht' ihm und nahm sein Gewand;
ein anderer stahl ihm das Lendenband.
Dann kam ein Spielmann des Weges und traf
den Trunknen, der schreckte empor aus dem Schlaf,
sogleich ernüchtert, indem ihm bewußt
der Raub des Rockes, – ein schlimmer Verlust!
So fand ihn der Schenke im Feuer der Qual,
glitt hin wie ein Rauch, mit gefülltem Pokal,
und goß auf den Gram ihm erquickenden Wein.
Da hüllte die göttliche Gnade ihn ein.
O Wonne der Dauer, – Leibrock, fahr hin! –
er fand im Entwerden den bleibenden Sinn.
Gewährt sei im morschen Gemäuer der Welt
den Eulen ihr Nistplatz, den Juden ihr Geld!
Uns, die verstört sind im Land der Ruinen,
sollst Du mit gefüllten Weinbechern dienen!
Doch unsichtbar sei'n sie; denn seelischer Wein
kann niemals sichtbar und körperhaft sein!
Von jenseits kam dieser festliche Klang:

Entfache im Herzen Glut und Gesang
und tritt ein in der Liebe leuchtendes Zelt!
Schön ist Dein Freund. Dich beneidet die Welt.

Die kleine gereimte Erzählung – es ist nicht die einzige in Rumis Di-
wan – schöpft ihre Pointe aus dem – schon von dem persischen Dichter
Sanâ'î (st. 1141) benutzten und möglicherweise von ihm erfundenen
Wortspiel mit *qabâ* = «Rock» – hier Symbol für den Körper – und *baqâ*
= «Dauer», d. h. das Bleiben oder Verweilen der Seele in Gott als Ge-
gensatz zum mystischen «Entwerden» (*fanâ*), das die Vorbedingung für
jenes Bleiben darstellt. Das eigentliche Thema des Gedichts ist also der
Tod und – in den letzten Versen – die mystische Hochzeit, aber nicht
irdische Trunkenheit. Rumi unterscheidet zunächst zwei Arten von Rui-
nen: jene der Weltmenschen, die hier wie auch sonst gelegentlich mit
Eulen verglichen werden – wobei ihn der Reim -*ûd* noch zu einem iro-
nischen Seitenhieb auf *djahûd*, die Juden, inspiriert –, und jene der My-
stiker, von denen er aber weiterhin in verschlüsselter Weinmetaphorik
redet, denn die Ruinen der «verstörten» (*kharâb*) «Ruinenbesucher»
(*kharâbâtî*) sind zunächst einmal die Klöster der Christen und Parsen,
wo auch die muslimischen Weinfreunde hingingen, um zu pokulieren
(vgl. zum Motiv der Ruinen auch das Gedicht Nr. 2 dieser Anthologie).
Daß von mystischem Wein, «Wein der Seele», die Rede ist, wird dann
im nächsten Vers ausdrücklich gesagt, und mit dem Hinweis auf den
«unsichtbaren» Becher weiter verdeutlicht. Schon in früher arabischer
Weindichtung pflegte man übrigens das «unsichtbare», d. h. durchsich-
tige Glas der Pokale zu loben. Rumi nimmt also das alte Motiv auf und
wendet es ins Mystische. Daß im Herzen «Glut und Gesang» entfacht
werden soll, versteht sich aus der Doppelbedeutung des Wortes '*ûd*, das
eigentlich «Holz» und dann spezifisch einerseits «Aloe» (als Räucher-
werk), andererseits «Laute» bedeutet (zur Aloe als Symbol des Entwer-
dens vgl. Nr. 89).

77

O Feind meiner Fasten und meines Gebetes,
o Du, der mein Leben und Glück ist, mein stetes!
Die Schleier, Du hast sie mir alle zerrissen,
so will ich von Schleiern nun weiter nichts wissen.
O ich wie die Erde und Du gleich dem Märzen,

Du hast mir enthüllt alle Rätsel im Herzen.
Ich ging in die Schlinge, wie soll ich nun fliegen?
Du setztest mich matt, wo soll ich noch siegen?
Mein Falter im Licht deiner Kerze verbrannt ist,
das macht, daß mir keine Gefahr mehr bekannt ist.
Du bist mir so nah, fern mein Hirn ist daneben:
Wie soll ich mich fürder Dir nah'n, Dich erstreben?
O kehre Dich einmal nicht ab von der Treue,
blick hin auf die Not, die ich leide, aufs neue!
O sprich Du noch einmal den Zauber, den süßen,
laß Jesu lebendigen Hauch mich umfließen!
Zoll will man von mir auf der Brücke erheben,
Du wollest den Zutritt zur Brücke mir geben!
Doch stille, nicht braucht es nun weiterer Rede,
im Reden bin leider ich kopflos und blöde.
Doch still, denn es wird sich zum besten nun kehren:
Ayâs werd' ich sein und Mahmûd angehören!

Die Liebe als Inhalt mystischen Lebens wird häufig einer formalisti-
schen Religionsauffassung, die sich in äußerlicher Erfüllung der Riten
erschöpft – mit Gebet ist hier das rituelle Gebet gemeint –, gegen-
übergestellt. Im übrigen enthält das Gedicht eine Reihe schon ver-
trauter Vorstellungen. Mahmûd ist jener im Kommentar zu Nr. 4 er-
wähnte ghasnawidische Herrscher, den eine in der mystischen Poesie
berühmt gewordene Freundschaft mit seinem Sklaven Ayâs verband.

78

Bist Du ein Meer, der Fisch Deines Meeres ich bin;
Bist eine Wüste, so ich die Gazelle darin.
Blase in mich, der Knecht Deines Lufthauchs ich sei,
Deine Schalmei, Deine Schalmei, ja Deine Schalmei!

Zum Bild von der Schalmei für den menschlichen Körper vgl. *Traum-
bild des Herzens,* Nr. 89–91.

79

Wer ist, o sag, wer ist es nur,
    der voller Kummer macht die Brust,
doch der, sobald du vor Ihm klagst,
    dein Bittres macht zu süßer Lust?
Erst scheint Er eine Schlange blind,
    dann wird Er selbst zum Schatz im Schacht:
Welch süßer Fürst, daß Bittres Er
    im Nu zu solcher Wonne macht!
Den Dämon wandelt Er zur Fee,
    den Trauertag zum Freudenfest,
und jenen Blindgeborenen
    die ganze Welt Er sehen läßt.
Das Finstere, Er macht es hell,
    das Dorngestrüpp zur Rosenzier.
Er zieht den Dorn dir aus der Hand,
    macht den Morast zum Polster dir.
Er duldet's, daß man Feuer schürt
    dem Gottesfreunde Abraham,
und wandelt jenes Feuer dann
    in Duft und Blüten wundersam.
Sein Licht er jedem Stern verleiht,
    den Hilflosen er Hilfe reicht,
dem Knecht ist Er ein guter Herr
    und selbst die Fesseln macht Er leicht.
Die Sünden aller wirft Er fort
    gleichwie im Herbst der Bäume Flor
und flüstert denen, die ihn schmähn,
    selbst die Entschuldigung ins Ohr:
«O Hort der Treue, ach verzeih,
    was ich versehen, richte nicht!»
Und hat der Knecht gebetet so,
    Er drauf Sein heimlich «Amen!» spricht.

Im obigen Gedicht läßt sich nicht mehr unterscheiden, ob vom my-
stischen Freund oder von Gott selber die Rede ist. Mit dem bekann-
ten Bilde vom Schatz, den die Schlange bewacht, wird auf unge-
wohnte aber einleuchtende Weise das Leid als Vorstufe des höch-
sten Gewinnes dargestellt. Beispiele aus der Heilsgeschichte folgen:
Die Heilung des Blindgeborenen bezieht sich auf Jesus. Auch die
Geschichte von Abraham und Nimrod stammt aus dem Koran (vgl.
Sure 21,69). Der Gedanke, daß Gott durch den Menschen zu sich
selber betet, findet sich auch sonst bei Rumi und wurde von Ibn
'Arabî entwickelt.

80

O daß des Freundes Traumbild sich
    doch nimmer von uns scheide!
Solang es währt, genießen wir
    des Schauens sel'ge Freude.
Wo zum Verein die Liebenden
    gelangen, da verwandelt
der Wüste öde Weite sich
    zum traulichsten Gebäude.
Und dort, wo sich des Herzens Wunsch
    erfüllt, da schmeckt mir besser
als tausend Datteln, was an Schmerz
    durch Dornen ich erleide.
Bett' ich mich an den Eingang hin
    der Gasse meines Freundes,
wird mir der Ort zum Himmelssaal,
    mein Kleid zum Sternenkleide.
Von jenem Abglanz, welcher strahlt
    von Seiner Schönheit Sonne,
verwandeln sich Gebirg und Tal
    all' in Brokat und Seide.
Frag ich den Wind, ob ihm der Duft
    des Freundes sei begegnet,

ertönt von Harfen und Schalmein
    ein Lied mir zum Bescheide.
Und schreibe Seinen Namen ich
    hin auf den Staub, verwandelt
sich jeder Streifen Staub in Pracht
    und Anmut und Geschmeide.
Und spreche überm Feuer ich
    von ihm die Zauberformel,
geschieht's, daß aus der Flamme Glut
    sich kühles Wasser scheide.
Ja trage Seines Namens Kraft
    ich zu des Nichts Gefilde,
wächst aus dem Nichts ein Lebensborn
    und eine Lebensweide.
So schweige nun! Dies ist der Schluß
    und weiter nichts zu sagen:
Der Wünsche höchstes Ziel ist Gott,
    ob fromm du seist, ob Heide.

«Für Liebende wird der Strohboden zum Lustgarten», sagt ein be-
kanntes türkisches Sprichwort, das vermutlich so oder ähnlich auch
in anderen orientalischen Sprachen existiert. Obiges Gedicht ist eine
Abfolge poetischer Variationen dieses Motivs. – Dorn und Datteln
sind ein häufiges Metaphernpaar für Leid und Glück. Der Vergleich
einer Frühlingslandschaft mit kostbaren Stoffen und Edelsteinen be-
gegnet einem seit den Anfängen der neupersischen und schon vorher
in der arabischen Poesie. Und nicht weniger ehrwürdig ist das Alter
des Windes als Liebesboten. Er fächelte schon dem altarabischen
Dichter den Duft der Geliebten im benachbarten Zeltlager zu. Im
Koran ist er der Freudenbringer im Auftrage göttlicher Barmherzig-
keit, der dem ausgedörrten Lande die ersehnten Regenwolken her-
weht (Sure 7,57). Der Liebende, verwandelt von der Alchimie der
Liebe, wird schließlich selber zum Magier. Er hat teil an Gottes
Schöpfungswerk. Damit aber ist die Grenze des Menschseins erreicht
und «weiter nichts zu sagen». Rumi fordert daher, wie so oft am
Schluß seiner Gedichte, sich selber auf zu verstummen.

Die Worte «ob fromm du seist, ob Heide» sind ein durch den Reimzwang bedingter Zusatz des Übersetzers, allerdings durchaus im Geiste Rumis, ja eigentlich nur eine Explikation seiner eigenen Schlußworte. Ist doch die Aufhebung des Unterschiedes auch zwischen Glauben und Unglauben in der Liebe ein von ihm oft betontes Anliegen, vgl. *Traumbild des Herzens*, Nr. 2.

81

O Joseph mein, zurück zu mir,
dem blinden Jakob, wiederkomm!
O Jesus, der entrücket ward,
　　ins blaue Zelt herniederkomm!

Schwarz ward mein Tag vor Trennungsleid,
　　das Herz ein Bogen ohne Pfeil,
der arme Jakob ward zum Greis, –
　　o jugendlicher Joseph, komm!

O Mose, sag, wo gingst du hin?
　　Der Sinai liegt dir im Sinn.
Ein Kalb spielt Gott – ist das Gewinn?
　　Vom Sinai – besinn dich! – komm!

Mein Antlitz wurde safranfarb,
　　ich bin gekrümmt wie eine Harf,
im engen Grab des Leibs ich darb:
　　Hol mich ins Weite, Seele, komm!

Die Sonne machst Du dämmerbang,
　　den Königen Du raubst den Rang!
O Auge, das zur Wahrheit drang,
　　o Brust, erfüllt von Wissen, komm!

O Seele! Seelen sind vor Dir
wie Körper ohne Seelen schier.

Mein Herze gab ich hin; eh mir
    die Seel' entflieh, o Seele, komm!

O Du mein Trost und Heil im Schmerz,
    Du Licht für mein zerriss'nes Herz,
da nun kein andrer allerwärts
    dem armen Herzen blieb, o komm!

O Mondenglanz, o Königsblut,
    o besser Du als hundert Gut,
o Wasser und o Feuersglut,
    o Perle und o Meerflut, komm!

Schams, meiner Seele Herr Du heißt!
    Durch Dich, o auserkorner Geist,
Tabris wie Gottes Thronstuhl gleißt!
    Vom ‹Fernsten Tempel› her, o komm!

In diesem Gedicht steigert sich, wie in so vielen der mystischen Poesie, der Lobpreis des Freundes zur nahezu göttlichen Verehrung. Gleichzeitig aber wird dieser wiederum mit großen Gestalten der Heilsgeschichte in Parallele gesetzt. Schams-i Tabris ist Joseph, der, nach Ägypten verkauft, von dem alten Jakob sehnlich erwartet wird; er ist der in den vierten Himmel entrückte Jesus, der am Ende der Tage zurückkehren und wider den großen Verführer, den Antichristen des Islam, kämpfen und die Menschheit zum Glauben an Gott und – so die islamische Erwartung – den Propheten Muhammad bekehren wird. Er ist Mose, der sich auf den Sinai begibt, um Gottes Offenbarungen zu vernehmen, während die Israeliten – eine der zahlreichen im Koran wiederkehrenden Erzählungen des Alten Testamentes – ein blökendes Kalb, das der böse Zauberer Sâmirî aus ihrem Schmuck geschaffen hat, anbeten (Sure 20,79–98). Und er ist Muhammad, der in nächtlicher Vision zum «fernsten Tempel» (*al-masdjid al-aksâ*, auch auf die heutige Aksa-Moschee in Jerusalem bezogen) entrückt wurde (vgl. Sure 17,1). Er überstrahlt die Sonne und die Könige kraft seines Glanzes und seiner Gnosis, und er ist schließlich das Universum in seiner Polarität von Wasser und Feuer, das Ganze und der Teil, Meer und Perle.

Jüngst hab ich noch nicht gesungen:
«Ohnegleichen Glückumklungen,
dessen Glanz so weit gedrungen,
  daß der Mond vor Neid zersprungen.»

Gestern Kämmerer, heut' Kaiser,
heut' Dich hundertfach erweisest,
heute Joseph Du mir heißest,
  Himmelslicht und Gottesfunken!

Heut' Dich preis ich, Feengleichen,
morgen müssen Worte weichen,
ist von Erd- und Himmelreichen
  Raum vor Deinem Ruhm versunken.

Heute hab ich Dich als Beute,
bin Dein Knecht, Dein Knappe heute,
morgen machst Du Himmelsbräute
  und am Thron die Engel trunken!

Jäh bricht los ein Sturm der Stürme,
Türen schont er nicht noch Türme,
weichen muß ihm das Gewürme,
  enden aller Pranken Prunken!

Aber in des Sturmes Mitten
kommt Er strahlend angeschritten,
jedes Staubkorn lächelt mit ihm,
  in den Sonnenglanz versunken.

Und so lernen sie im Glänzen
jener Sonne sonder Grenzen

der Atome Lust in Tänzen,
    wie's zuvor noch nie gelungen!

Das Kommen des Freundes erreicht eine letzte Steigerung am Morgen des Jüngsten Tages, den die Mystiker als das unverhüllte Erscheinen der Gottheit betrachten, welches wie einst den Berg vor Moses Augen, dann den gesamten Kosmos verzehren, in Licht verwandeln und damit die *unio mystica* auf kosmischer Ebene vollziehen wird.

«Gestern Kämmerer», oder eigentlich «Torwächter» (*hâdjib*) am Kaiserpalast, also den Kaiser verhüllend, heute selber Kaiser, selber Repräsentant der Gottheit auf Erden, selber «Joseph» als Symbol göttlicher Schönheit und als Träger des göttlichen Lichtes der Auserwählten, das nach schiitischer Lehre von Adam an über die Propheten auf Muhammad, den «Erwählten» (*mustafâ*) par excellence, und dann weiter auf die zwölf schiitischen Imame und schließlich nach mystischer Auffassung auch auf die vollkommenen Menschen, die mystischen Freunde, übertragen wurde.

Die Zeitangabe *dûsh*, «gestern», mit der die ersten beiden Verse beginnen, deutet in der mystischen Poesie sehr oft auf die zeitlose Präexistenz der Seele, – ein Umstand, der die Wiedergabe mit dem schönen Wort «jüngst» nahelegt.

Rumi deutet hier also das Erscheinen des mystischen Freundes und – auf einer höheren Ebene – den Ablauf der Schöpfung im Sinne einer fortschreitenden Manifestation Gottes, die zu einer Ekstase des Kosmos führt, welche, wie es die letzte Strophe ausdrücklich sagt, anfangs nicht vorhanden war. Dieses Motiv erscheint, wenn auch mit dem Vorzeichen des «noch nicht», bereits in der ersten Strophe. Die im Koran als apokalyptisches Zeichen erwähnte Mondspaltung (Sure 54,1) – wohl ein ferner Nachklang ähnlicher Stellen in der Johannes-Apokalypse – wird als Folge des kosmischen Glanzes des mystischen Freundes gedeutet. Rhetorisch gesehen handelt es sich hier um das, was Hellmut Ritter die «hyperbolische Steigerung durch Schilderung der Wirkung nennt», eine Sonderform der «phantastischen Ätiologie». Am Schluß ist mit «Sonne» deutlich der Hinweis auf Schams-i Tabris gegeben, gleichzeitig aber durch die Formulierung *shams-i duhâ* auf den Anfang der 91. Sure «bei der Sonne und bei ihrem Glanz (*wash-shamsi wa-duhâhâ*) und bei dem Mond, der ihr folgt» angespielt. Der Schluß des Gedichtes kehrt damit zu seinem Anfang zurück. Was im ersten Vers «noch nicht» war, hat seine Vollendung gefunden. So symbolisiert hier auch die Form des Gedichtes die Rückkehr des Kosmos in den göttlichen Ursprung.

83

Mit den Blicken von Gazellen
      bringt Er Löwen zum Erliegen;
sinnt Er nun auf mich zu schnellen
      das Geschoß, wird's mich besiegen!
Denn die Bögen Seiner Brauen
      und die Pfeile Seiner Wimpern
sind des Zeuge, daß Er ist ein
      Fürst, dem sich die Seelen fügen.
Vor dem Dufte Seiner Locken,
      dem kein Ambra und kein Moschus
gleichet, will ich mich verbeugen,
      wie sich Seine Locken biegen.
Ja, es krümmt sich meine Seele
      in die beiden schwarzen Locken,
da sie sieht das Herz in Ketten
      jener gleichen Locken liegen.
Sage nicht zu der Zypresse,
      der wir huldigen: «Du gleichest!»
Denn es gleicht ihr nichts an Schönheit;
      wer das sagte, würde lügen!
Und so werfe ich mein Haupt hin
      und mich selber Ihm zu Füßen,
ist auch gleich ein Haupt nicht würdig,
      Seinem Dienste zu genügen!
Vor dem Traumbild unsers Königs
      neig dich wie vor Seinem Kanzler!
Da der König ist die Wahrheit,
      wird der Kanzler nicht betrügen!

In diesem Gedicht herrscht nochmals der erotische Ton der weltlichen
Liebespoesie vor. Nur am Schluß wird die mystische Dimension ver-
deutlicht: Der Freund ist Abbild des Königs, d.h. Gottes. Von da aus
erhalten dann auch die erotischen Bilder eine neue Perspektive.

Der Du Dornen machst zur Labe,
trag mein selbstisch Selbst zu Grabe,
daß ein selbstlos Selbst ich habe,
    Gib dem Derwisch eine Gabe!

Bring die Liebenden zu Ehren,
laß Dein Licht im Erdkreis währen,
laß das Gift nicht länger gären!
    Gib dem Derwisch eine Gabe!

O Du Antlitz lichtumflossen,
Tröstung derer, die verdrossen,
mach uns Deine Weggenossen,
    Gib dem Derwisch eine Gabe!

Willst nur stolz als Mond Du strahlen?
Weckst Du nur der Liebe Qualen?
Gießt Du das in uns're Schalen?
    Gib dem Derwisch eine Gabe!

Adam bist und Odem, Trauter,
Jesus und Maria lauter,
Gottes Schatz und Gott-Erschauter,
    Gib dem Derwisch eine Gabe!

Bitteres läßt süß Du munden,
Sünder lässest Du gesunden,
Rosen weckst aus Dornenwunden:
    Gib dem Derwisch eine Gabe!

Seelenfreund und Seelenletze,
Du mein Glauben, Du mein Götze,

Setzer jeglicher Gesetze,
     Gib dem Derwisch eine Gabe!

Heute will ich dies vollenden,
Kerze, an Dein Licht mich wenden,
liebend hin mein Leben spenden:
     Gib dem Derwisch eine Gabe!

Ja ins Nichts wirf mir mein Leben,
mein Idol, es ziemt nicht eben,
Ehre Dir und ihm zu geben:
     Gib dem Derwisch eine Gabe!

Bemerkenswert ist die Steigerung der Bitten, die schließlich darauf
abzielen, der mystische Freund möge dem Liebenden die liebende
Selbsthingabe verstatten; das wäre Gabe genug für ihn! Formal han-
delt es sich bei diesen Versen wiederum um ein Strophengedicht mit
je drei Reimen und gleichbleibendem Refrain.

85

Seele, komm und bring die Schale
     Weins, vollende unser Heil!
Laß die Seligkeit von Salem
     endlich werden unser Teil!
Venus ist Dir ja zu Diensten,
     Deinen Festen, Deinem Wein,
so vertreib des Herzens Dunkel,
     laß den Mond Dein Knappe sein!
Bring uns jene Himmelstafel,
     welcher Jesus einst gebot,
und entwöhn die Menschensippe
     ihrer Suppe, ihrem Brot!
Laß dies Häuflein welker Blumen
     neu durch Deinen Odem blühn!

Mach dies Häuflein schwacher Bettler
  Du zu Kön'gen stark und kühn!
Laß das gramgefurchte Antlitz
  werden lachend und verklärt!
Wandle dieses Lebensbruchstück
  in ein Leben, welches währt!
O Du Sehnsucht aller Hirne,
  kraul den Liebenden das Haar!
O Du Wonne aller Orte,
  weile bei uns immerdar!
In dem Hause, wo kein Glas ist,
  es auch Licht nicht geben kann;
da wir dieses Haus erbauten,
  bringe Du die Gläser an!
So viel ist durch Deine Huld uns
  aufgetragen, daß verzagt
unser Herz, was es von hunderttausend
  Dingen sag und frag.
Doch verstumme, unser Freund gibt
  seine Antwort ungefragt!
Blicke hin auf Seine Gnade,
  und des Wortes dich entschlag!

Dieses Gedicht könnte ein pietistischer Choral sein; es hat Gebets-
charakter. Den biblischen Ausdruck «Salem» glaubten wir für das
arabische *dâr as-salâm*, «Stätte des Heils», verwenden zu dürfen, da
es sich etymologisch und sinngemäß um das gleiche handelt. *Dâr as-
salâm* ist Beiname Bagdads als der Hauptstadt des islamischen Welt-
reichs, Salem Beiname Jerusalems; als Metapher deuten aber beide
auf das Jenseits.
  Der zweite Vers erhebt den Geliebten in die kosmische Sphäre, der
dritte in die Reihe der großen Propheten (zur «Himmelstafel» vgl. den
Kommentar zu Nr. 54). Das Wort «Gläser» ist auch im Urtext doppel-
deutig. Es können die Fensterscheiben ebenso wie die Weingläser ge-
meint sein; denn auch der Wein spendet ja Licht, schon in der ana-
kreontischen und erst recht in der mystischen Metaphernsprache.

86

Im Meere der Lauterkeit bin ich
    geschwunden, geschmolzen wie Salz.
Zerronnen sind Glaube und Zweifel
    an Lehren, ob wahr oder falsch.
Da stieg aus der Tiefe des Herzens
    ein Stern mir, ein leuchtender auf,
Vor dessen Gefunkel versanken
    die Sieben Rotunden des Alls.

Der Stern, der aufsteigt und vor dem alle anderen Gestirne verblas-
sen, ist der mystische Freund (man vergleiche auch Nr. 10). Wir kom-
men jetzt zu Gedichten, in denen der Gedanke des Entwerdens immer
stärker im Vordergrund steht.

87

Der Falter fliegt ins Licht und sagt:
    Tu du desgleichen!
Hat an das Licht sein Ich gewagt:
    Tu du desgleichen!

Die Kerze leuchtet unverwandt,
sie leuchtet und vergeht im Brand,
in Glut und Lodern unverzagt:
    Tu du desgleichen!

Von allen Dingen gut und bös,
von allen Schlingen losgelöst,
zum Kaaf-Berg Vogel Anka jagt:
    Tu du desgleichen!

Die Rose ward dem Stolze fremd,
zerriß ihr wehrhaft Panzerhemd

und duldet's, daß der Dorn sie plagt:
  Tu du desgleichen!

Die Seele ist vom Wein berauscht,
Ruhm sind und Schmach in Rausch vertauscht,
und ob dich der Verstand verklagt:
  Tu du desgleichen!

Einfach ist und im Innern frei
und offnen Auges die Schalmei;
des Spielers Lippe sie behagt:
  Tu du desgleichen!

Das Gedicht schildert das Entwerden in einer Reihe von Bildern, die
größtenteils bekannt und unmittelbar verständlich sind (einige für
den westlichen Leser weniger sinnfällige Verse wurden in der Über-
tragung weggelassen). – Zu Kaaf und Anka vergleiche den Kommen-
tar zu Nr. 42. – Ein Wort zum Bilde der Schalmei: Einfach ist sie im
Gegensatz zur Doppelflöte. Einfach aber ist in der neuplatonisch be-
einflußten Mystik nur Gott, alles andere dagegen zusammengesetzt.
Wer sich Gott nahen will, muß also «einfach» werden; und er muß
innerlich «leer», d.h. frei von selbstischem Streben, sein, damit die
göttliche Ausstrahlung in ihn einströmen kann.

88

Du bist des Lichtes Schatten, Freund,
  Dein Schatten ist die ganze Welt.
Wie könnte einer Lichtes schaun,
  der nicht dem Schatten wär gesellt!
Bald steht beim Lichte, bald erlischt
  im Licht der Schatten; ebenso
geht's uns: «Beim Lichte» heißt: bei Gott.
  In ihm erlöschen: unio!
Der Schatten streckt die Hand voll Lust
  nach jenem Licht, das nie verblüht,

und hofft, daß, wie er schwinden muß,
    ihn Gottes Licht zu Gott hin zieht.

Licht und Schatten ist, wir erinnern uns, ein bei Rumi häufig wieder-
kehrendes Bild (vgl. Nr. 10, 41, 42). Eines ist ohne das andere nicht
denkbar, so lange es eine erschaffene Welt gibt. Schatten des göttli-
chen Lichtes ist der mystische Freund, ebenso aber auch die gesamte
Schöpfung. Doch in der mystischen Hierarchie des Seins steht diese
tiefer als jener, verhält sich zu ihm wie er zu Gott. Beide aber, Schöp-
fung und mystischer Freund, werden dereinst mit ihrem Ursprung
wieder verschmelzen. Die Vereinigung mit dem Freund ist nur Sym-
bol und Präludium dieser letzten *unio mystica*.

89

Jüngst raunte verstohlen dem Rauche
    die Flamme im Räuchergerät:
Die Aloe mag mich nicht missen:
    bei mir ihr's nach Wunsche ergeht!
Sie kennt meine hohe Bedeutung
    und dankt mir für das, was ich tu:
Sie weiß, daß sie Sinn und Gewinn erst
    erwirbt, wenn sie stirbt und vergeht.
O Freund, der mein Flammenmahl kostet,
    willkommen sei mir, mein Gast!
Der du mich vergehend bezeugest,
    dein Ruhm hoch wie Marterruhm steht!
Die Seele, die sucht zu entfliehen
    aus Armut und Not und Vergehn,
sie ist wie ein Unglücksstern, welchem
    die glückliche Stunde entgeht.
Denn ohne Vergehen wird keinem
    des Nichtseins Geheimnis zuteil.
O Liebster verleih, daß der Zwist, der mich
    trennt vom Vergehen, vergeht!

Der dunkele Staub dieser Erde,
    solang er sich selbst nicht entwird,
solange entspringt ihm kein Wachstum,
    vom Totenschlaf nicht er ersteht.
Solange der Same noch Same,
    so nicht er dem Sperma-Sein starb,
aus ihm keine schlanke Zypresse,
    noch Schönheit der Wangen entsteht.
Und erst wenn im Magen verbrannt ist
    das Brot und die Speisen zumal,
erst dann kann ein Hirn daraus werden,
    ein Herz, welches sehnt und erfleht.
Da ist erst Erniedrigung, Knechtschaft,
    danach aber Königlich-Sein,
so wie auf das Knien und Fallen
    das Stehen folgt im Gebet.
Ein Leben lang hast du erkundet
    die Pfade des eigenen Seins;
nun ziemt dir ein andres: Die Wege
    des Nichtseins du mutig betret!
Die Armut und das Entwerden,
    sie sind ja kein eitles Geschwätz:
Dort ist auch das Feuer nicht ferne,
    wo Rauch ihr emporsteigen seht.
Ja, wär nicht die Ewige Liebe
    voll Lust und voll Sehnen nach uns,
sie hätte uns nimmer das Herze
    betört und die Sinne verdreht!
Die Liebe kam zu uns als Lehrer,
    sie zieht uns am Ohre und schleppt
uns zur Schule, darin man die Worte:
    «wer Bündnisse einhält» versteht.
Sie macht, daß vom Auge des Frommen
    ein Strom fließt der Tränen der Reu,

drin wäscht er die Brust von der Schwärze
des Hochmuts, der Gott widersteht.
Geschlafen hast du, nicht achtend
des Lebenswassers, das strömt.
Erwach nun vom Schlaf, greif zum Weine,
drin Duft dir der Ewigkeit weht!
Und noch ein Wort lehrt dich die Liebe
und raunt es dir heimlich durch mich:
Der Siebenschläfer Geheimnis
in wachendem Schlafe besteht!

Dies ist eines der größten und in sich geschlossensten Gedichte
Rumis über das Entwerden. Es zeigt unter anderem den eigenarti-
gen Gebrauch des Wortes «Nichtsein» (ʿadam) bei Mystikern wie
Rumi. Eintritt ins Nichtsein bedeutet hier jeweils den Übergang in
eine höhere Stufe des Seins. Die Macht, die diesen Aufstieg ermög-
licht, ist die Liebe. Diejenigen, die ihrem Ruf folgen, handeln im
Sinne der koranischen Verheißung: «Wenn einer den Bund mit ihm
[Allah] einhält und gottesfürchtig ist, so [möge er wissen, daß] Allah
die Gottesfürchtigen liebt» (Sure 3,70). Dies ist einer der wenigen
Verse des Koran, der von Gottes Liebe zu den Menschen spricht.
Rumi dürfte daher bei seinem Zitat auch an diesen Vers gedacht
haben. Der von ihm benutzte Wortlaut yûfûna bi l-ʾuhûd (mit
Abänderung des Singulars ʾahd in den Plural ʾuhûd – wegen des
Reimes!) kann sich jedoch nur auf folgende Stelle beziehen: «Dieje-
nigen, die das Bündnis mit Allah einhalten und den Pakt nicht bre-
chen, und die verbinden, was Allah zu verbinden befohlen hat, und
die ihren Herrn fürchten und Furcht haben vor dem Übel der
Abrechnung, und die standhaft bleiben im Verlangen nach dem
Angesicht ihres Herrn und das Gebet verrichten und von dem, was
er ihnen beschert, verborgen und öffentlich spenden und das Böse
durch Gutes abwehren, – ihnen wird der Lohn (himmlischer) Woh-
nung, Edens Gärten, in die sie eintreten sollen nebst den Recht-
schaffenen unter ihren Vätern, ihren Frauen und ihrer Nachkom-
menschaft; und die Engel sollen eintreten zu ihnen von allen Toren
(und sprechen): ‹Frieden sei auf euch, darum daß ihr standhaft blie-
bet!›» (Sure 13,20–24). Den wahren Sinn dieser Worte, und vor
allem ihre wahrhafte Erfüllung, kann man nur in der Schule der
Liebe erlernen.

Die Siebenschläfer, auf die im letztenVers angespielt wird, sind jene kleine Schar von Gläubigen, die sich nach der Legende unter der Christenverfolgung des Kaisers Decius (reg. 249–251) in eine Höhle flüchteten, die sich hinter ihnen schloß, und dort über hundert Jahre verblieben, bis sie unter Kaiser Theodosius (reg. 379–395) entdeckt wurden. Der Koran behandelt das Motiv in der 18. Sure (8–25). In Vers 17 heißt es: «Du hättest sie für wach gehalten, wiewohl sie schliefen», woraus die Tradition gemacht hat, daß sie mit offenen Augen schliefen. Für den Mystiker heißt das: Die Seele soll, obschon sie im Leibe ruht wie der Schläfer in der Höhle, jederzeit wach sein für Gottes Wink.

90

Ich habe gestern das Bündnis erneut,
auf Deine Seele geschworen den Eid:
Nicht wend ich mein Auge von Deinem Gesicht,
und zückst Du das Schwert auch, ich wende mich nicht!
Ich suche die Heilung nicht anderwärts,
denn nur aus der Trennung von Dir rührt mein Schmerz.
Und wirfst mich ins höllische Feuer, o dann,
ja, dann auch nicht stöhn ich, ich wäre kein Mann!
Von Deinem Weg wie der Staub stamm ich her;
zum Staub Deines Weges ich wiederkehr!

Es ist ein alter Gedanke der Mystiker, daß die Liebe zu Gott so groß sein muß, daß darüber die Sorge um das Paradies und die Furcht vor der Hölle ohne Bedeutung werden. Es gibt aber auch das andere, daß Mystiker sich bereit erklären, freiwillig die Höllenstrafen auf sich zu nehmen, wenn dadurch andere Seelen gerettet werden können.

Der Staub des Weges bzw. der Schwelle des oder der Geliebten ist ein bekanntes Motiv der islamisch-orientalischen Liebespoesie. Goethe hat es in seinem Gedicht «Allleben» im *West-östlichen Divan* verwandt. Der Liebende sehnt sich nach diesem Staub, der ihm süßer duftet als Moschus; er bedient sich seiner zum Beispiel zur Bereitung einer Augensalbe. Rumi stellt auch dieses Motiv in einen neuartigen tiefsinnigen Zusammenhang.

91

Nur noch der Liebe Raunen ist
    vernehmbar meinen Ohren,
In ihrer ew'gen Süße hat
    die Seele sich verloren.
Trägt auch die Liebe äußerlich
    ein farbig' Kleid, doch nimmer
Vergißt sie, daß ohn' Farben ward
    ihr inn'rer Leib geboren.

Die Farben deuten auf den Wechsel und die Vergänglichkeit der er-
schaffenen Welt oder, neuplatonisch gesagt, auf jene Vielheit, die sie
vom farblosen Licht der göttlichen Einheit unterscheidet und trennt.

92

O selig der Tag, der Tag da vor Dir,
    o mein Gebieter, ich sterbe!
Von Deinem süßen Munde entzückt,
    mit süßer Zunge ich sterbe!
Viel tausend Rosen blütenreich
    erblühen aus meinem Staube,
wenn meiner schönen Zypresse nah
    im Rosengarten ich sterbe.
Wenn Du das Gift des Todestrunks
    in meinen Becher nun gießest,
Ich küsse den Kelch, den Du mir reichst,
    und wonnevoll trunken ich sterbe.
Wenn wie der Herbst ob der Kunde vom Tod
    ich gelbe Wangen bekomme,
vor Deinem lachenden Lippenpaar
    dem Lenz gleich lächelnd ich sterbe.
Wie oft schon starb ich und wurde wie oft
    durch Deinen Odem lebendig,

und soll ich sterben, wohl hundertmal froh
    durch Dich solch Sterben ich sterbe!
Gleich wie ein Kindlein, welches vergeht
    im Arme der liebenden Mutter,
im Arme der Gnad' und Barmherzigkeit
    des Allerbarmers ich sterbe.
Was sind das für Reden: Wo trifft man den Tod,
    der einen Liebenden träfe?
Wie widersinnig gesprochen ist das:
    Am Borne des Lebens ich sterbe!

Die Sehnsucht nach der himmlischen Urheimat ist letztlich nur durch
den Tod zu stillen. Aber es gibt ja das metaphorische Sterben durch
den Geliebten, es gibt die mystische Selbstentleerung, die ebenfalls
häufig als Sterben umschrieben wird. Daher kann dieses Sterben auch
immer wiederholt werden – ein Gedanke, der an Luthers Wort vom
täglichen Sterben des alten Adam im Menschen erinnert. In einer Ab-
folge großartiger Bilder wird nun dieses Sterben als Akt mystischer
Liebe von Rumi geschildert. Und ein für Rumi typisches Wortspiel
symbolisiert überdies den Doppelsinn dieses Sterbens: *mîram*, der
Echoreim dieses Ghasels, bedeutet sowohl «ich sterbe» wie auch «ich
bin Fürst». So könnte also der Anfang des Gedichtes mit dem glei-
chen Recht auch übersetzt werden:

    O selig der Tag, da ich vor dir, o mein Sultan, Emir bin!

Genau diese Doppeldeutigkeit aber versinnlicht die durch den Tod er-
reichte Gottesnähe. «Mit süßer Zunge», wörtlich «zuckerverstreu-
end», meint den zuckerseligen Papagei, ein stehendes Bild für den
Dichter. Zu Füßen der Zypresse sterben die Fasanen, die nach orien-
talischem Volksglauben in diesen Baum verliebt sind, der ja zugleich
traditionelles Bild für die schlanke Schönheit der Geliebten ist.

    Im Koran ist von der «Trunkenheit des Todes» die Rede (*sukrat al-
maut*, Sure 50,18). Es ist daher kein Wunder, wenn Rumi und andere
Mystiker Rausch und Entwerden so oft miteinander in Verbindung
bringen.

    Obiges Gedicht dürfte die Vorlage für ein ähnliches Ghasel von
Hafis, einem der größten Lyriker persischer Zunge, gewesen sein. Es
hat gleichfalls den Echoreim *mîram*, «ich sterbe», und beginnt mit
den Worten:

Schön, mein Fürst, kommst du einhergeschritten: Sterben will
ich drum zu Füßen dir!

(Der Diwan des großen lyrischen Dichters Hafis im persischen Original
herausgegeben, ins Deutsche metrisch übersetzt und mit Anmerkungen
versehen von Vincenz von Rosenzweig-Schwannau, Wien 1858–64,
I, 244. Wiederabgedruckt in meiner Hafis-Anthologie, Nr. 37).

93

Der König der Liebe setzte dich matt.
O zürne nicht, daß er bezwungen dich hat!
Tritt ein in das Tal des Entwerdens und schau:
Im Innern der Seele blüht Au über Au!
Tust du aus dir selbst einen Schritt nur voran,
sind Himmel um Himmel dir aufgetan!
Der König der Wahrheit kommt dir zu Gesicht
und Zelte und Fahnen vom Ewigen Licht.
Du Schams bist mein Schah, und Du setzest mich matt:
O selig der Sieg, der uns eint im «Schachmatt»!

Das Schachspiel als Bild mystischen Lebens ist uns bei Rumi schon
begegnet und kommt in seinem Diwan immer wieder zur Sprache.
Die zentrale Beziehung aller Figuren zum König, die wunderbare Ver-
wandlung der Bauern, die das Ziel erreicht haben, aber auch das
langsame Schwinden der Figuren, das Mattgesetztwerden, sind einige
der Aspekte, die Rumi verwendet. Hinzu kommen unübersetzbare
Wortspiele, so mit dem Wort *rukh*, das «Wange» und «Turm» (als
Schachfigur) bedeutet. Das Gedicht schließt mit einem tiefsinnigen
Wortspiel, das eine ähnliche Funktion wie das eben in Nr. 92 er-
wähnte hat. Der letzte Vers heißt wörtlich:

Wir sind durch Dich schachmatt (*mâ-mât-i tû-îm*), Schams-i
Tabris,
Hundert Dienste und Grüße von uns Dir (*az mâ-t*)!

Mât ist also wieder doppelsinnig. Es bedeutet «schachmatt» und
«uns/wir dir», womit die Verschmelzung von Liebendem und Gelieb-
tem im «Schachmatt», d.h. im Entwerden, sprachlich versinnlicht ist.

94

Der Tod ist unsre Hochzeit, die Braut die Ewigkeit.
Was will dies Wort bedeuten: «Er Gott in Ewigkeit»?
Der Sonne Licht zerteilen die Fenster ringsumher,
verdunkelt man die Luken, ist kein Zerteilen mehr.
Die Vielheit in den Trauben, die voller Beeren sind,
sie ist nicht mehr im Safte, der aus den Trauben rinnt.
Ein jeder, der sein Leben aus Gottes Licht empfängt,
wird durch den Tod des Leibes erst eigentlich beschenkt.
Auf Gott dein Sehen lenke, nenn ihn nicht unsichtbar,
denn neue Kraft des Sehens reicht deinem Aug' Er dar!

Das Thema des Gedichtes ist der Tod und das Schauen Gottes (ein
Exkurs über die Unterschiede zwischen irdischem und göttlichem
Licht wurde in der Übertragung weggelassen). Auf der Hochzeit wird
die Braut entschleiert und an die Stelle der vielen aber vagen Bezie-
hungen tritt die eine intensive zum geliebten Wesen. Das Sonnenlicht
wird nicht mehr durch viele Fensterluken zerteilt; es erstrahlt nur
noch die eine Sonne im verdunkelten Brautgemach. Dieses aber ist
hier Bild für das Schließen der Augen, die immer nur Teilaspekte des
Göttlichen sehen, und schließlich Bild für das Grab, jenseits dessen
die Sonne der göttlichen Ewigkeit unzerteilt aufstrahlt.

95

Am Tage meines Todes,
        wenn meinen Sarg man trägt,
o glaube nicht, daß Gram mich
        um diese Welt bewegt!
Um meinetwill'n nicht weine!
        Sprich nicht: «Ach weh, ach weh!»
«Ach weh» wärs, hätt ein Dämon
        dich so hereingelegt!
Gehst du im Leichenzuge,
        sprich nicht: «Er schied, er schied!»

Zum Treffen, zur Vereinung
    mich dieser Weg ja trägt!
Dem Grab du mich vertrautest, –
    sag nicht: «Leb wohl, leb wohl!»
Das Grab ist nur der Schleier,
    vor Edens Volk gelegt.
Siehst du, wie sie mich senken,
    so schau's als Aufstieg an!
Spricht nicht des Monds, der Sonne
    Sinken, wenn man's erwägt?
Dir will's ein Sinken scheinen,
    und ist ein Aufgang doch!
Ein Kerker scheint die Gruft, die
    der Seele Haft zerschlägt.
Wo ist das Saatkorn, welches,
    gesät, empor nicht keimt?
Warum beim Saatkorn «Mensch» die-
    sen Glauben man nicht hegt?
Wo ist der Zuber, welcher
    nicht aus dem Brunnen kam?
Joseph weshalb vorm Brunnen
    sich nicht der Furcht entschlägt?
Den Mund, den hier du schlossest,
    dort öffnest ihn erneut,
und sonder Raum und Grenzen
    dein Jubelruf sich regt!

Die Gewißheit des Fortlebens nach dem Tode ist Inhalt dieses Gha-
sels: Das Grab ist für die Seele kein Kerker, sondern das Ende ihrer
Kerkerhaft im Leibe. Platons *soma sema* («Leib – Gefängnis»)
klingt nach in diesen Versen. Unter diesem Aspekt ist jeder Ab-
schiedsschmerz, jedes Wehgeschrei fehl am Platz. Wer sich Klagen
hingibt, ist selber viel beklagenswerter als der Tote, ist er doch noch
im Netz des Dämons der Leiblichkeit gefangen. Die Seele entsteigt
dem Leib, nachdem dieser ins Grab gelegt ist, wie Joseph dem Brun-

nen, als er im Zuber emporgezogen wurde. (Vgl. Nr. 12 und die englische Fassung dieses Ghasels in: R. A. Nicholson, Divani Shamsi Tabriz, Nr. XXIV.)

96

Wenn Du vorüberwandelst an meinem Grabe droben,
dann denk an mich; Du kanntest mein Tönen und mein Toben!
Erfüll mit deinem Lichte der dunklen Gruft Gehäuse,
o Auge meines Lebens, o Antlitz lichtumwoben!
Daß sich zu Boden beuge in dieser Kammer Schranken
mein leidgeprüfter Leib, Dir zu danken, Dich zu loben.
O Rosenbusch voll Blüten, verweile einen Hauch lang,
mit Deinem holden Dufte erlabe mich von oben!
Ja, ziehst Du mir vorüber, so sollst Du mir nicht wähnen,
daß ewig Deinem Hause und Hof ich sei enthoben!
Denn unermüdlich wandert mein Geist und ungehindert;
ihn hemmen nicht die Steine, die sind vors Grab geschoben.
Mit hundert Totenhemden aus Atlas und aus Seide
bin nackt, muß ich entbehren Dein's Bildes Ehrenroben.
Als wär ich eine Emse im Schächtebaun und Bohren,
dring ich in Deine Halle durch Planken und durch Kloben.
Ja, ich bin Deine Emse, sei Du mein Salomo, sei
mir nahe, ewig sei ich in Deine Ruh gehoben!
Ich bin verstummt, sprich Du nun, Du, der da unvergänglich!
Mich widern schon die Worte, die einst ich stolz geschnoben.
Schams-i Tabris, mich rufe, denn wie am Jüngsten Tage
weckt mich ein Tuba-Tönen, wenn Du den Ruf erhoben!

Es ist ein bis in die früharabische Liebesdichtung zurückreichendes Motiv, daß der Liebende sich wünscht, in der Nähe der Geliebten begraben zu werden:

> O wie lieb wäre mir mein Tod, wenn sie meinem Grabe
> benachbart wäre!

Oder:

> Wenn ich sterbe, so folgt mein Echo deinem Echo zwischen den
> Gräbern.

So tönt es in den Versen Dschamîls, des berühmtesten Vertreters der sogenannten 'udhritischen Liebe, die von dem altarabischen Stamm der 'Udhriten geübt wurde (vgl. den Kommentar zu Nr. 63). Das von Rumi hier verwandte Motiv von Salomo und der Ameise ist koranisch: Salomo, dem die Geister dienstbar waren, der viele stolze Bauten, darunter den Tempel von Jerusalem, aufführte, wich mit all seinen Heerscharen von Menschen, Dschinnen und Vögeln einem Zug von Ameisen aus, die fürchteten, von jenen zermalmt zu werden (Sure 27,17–18).

97

Des Herzens Haus hast du erflogen –
  nun bleib hier stehn! –,
geschaut des Mondes holden Bogen,
  nun bleib hier stehn!
Genug bist du mit deinem Bündel
  allüberall
in Torheit hin- und hergezogen,
  nun bleib hier stehn!
Ein Leben wich, dieweil die Sage
  von jenem Mond
zu stetem Wandern dich bewogen,
  nun bleib hier stehn!
Sieh jene Schönheit, deren Prangen
  gemacht, daß dir
die Schau geschenkt, der Blick entzogen,
  nun bleib hier stehn!
Bei Deiner Brust! Hier sind die Brüste
  der süßen Milch,
daran du früher schon gesogen:
  Nun bleib hier stehn!

Die Heimat des Herzens ist bei Gott. Rumi gebraucht hier das schon im Koran erwähnte Wort *burdj* = «Tierkreiszeichen»; die Tierkreiszeichen aber sind die «Häuser» der Planeten. Der Mond, nach dessen «Haus» der mondsüchtige Pilger einst vergeblich gefragt hatte (vgl. Nr. 10), – er ist nun nach langer Irrfahrt gefunden. Der Blick ist durch Schau ersetzt; das geschieht, falls nicht früher, im Augenblick des Todes. Und wie Mose als Säugling auf dem Nil ausgesetzt, dann von der Familie Pharaos aufgegriffen, auf Fürsprache der Frau Pharaos verschont und, nachdem er die Brüste der Ammen des Palastes durch göttlichen Eingriff abgewiesen hatte, schließlich der eigenen Mutter zum Säugen erneut übergeben wurde (Sure 28,6–12), so kehrt auch die Seele nach kurzer Irrfahrt zur mütterlichen Brust zurück.

98

Die Seele kehrt von langer Reise ein,
kehrt in den Staub zurück der Türe Dein.
Die auszog, ohn' Dich Werke zu vollbringen,
sie ist verbrannt, ihr Werk konnt nicht gedeihn.
Auf ihrer Fahrt die Wahrheit ihr entwich,
denn ohne Dich ist alles Trug und Schein.
Vom Staub des Wegs bedeckt erschien sie heut',
Erbarme dich! Sie leidet große Pein.
Steck Deinen Kopf ein wenig aus der Tür,
daß sie erkenn' der Schönheit hellen Schein,
Vor dem die Liebenden beseligt rufen:
Da ist der Ort, dem sich die Beter weih'n!
Flog von Dir fort der Falke meiner Seele,
Dein Trommelschlag lud ihn zur Rückkehr ein.
O Burggenossen, schaut, in schöner Schrift
schrieb euch der Herr, vom Dienst euch zu befrei'n!
Die Jubelharfe, lang schon ohne Lied,
– o tanzt! – nun klingt sie, lädt zu neuem Reih'n.
Nehmt Abschied von dem Esel «Leiblichkeit»,
der König auf dem Flügelroß zog ein!

Auch dieses Gedicht beschreibt die Heimkehr der Seele. Wieder ist es
das «Haus des Herzens», dessen Tür der Geliebte ein wenig öffnen
soll (vgl. Nr. 44), damit die Liebenden die wahre Kaaba und die in-
nere Kibla (Blickrichtung der Betenden nach Mekka) erkennen. Kö-
nig auf dem Flügelroß Burak ist eigentlich Muhammad, aber ebenso
der mystische Geliebte, der ja mit den großen Gestalten der Heils-
geschichte mystisch identisch ist.

99

Zeit ist's, daß endlich Meer und Erde
    zur Ruhe kommen,
Die Sternensphären von Beschwerde
    zur Ruhe kommen,
Daß alle diese Pilgerscharen,
    die ruhelosen,
Auf einem Pfad von Fahrt und Fährde
    zur Ruhe kommen.

100

Wieder ward Milch und Zucker vermischt,
Liebende wurden einander vermischt.
Aufgehoben ward Nacht und Tag,
Sonne wurde dem Monde vermischt.
An brach der göttliche, ewige Lenz,
grüner und dürrer Zweig wurden vermischt.
Ob in den Finger der Eifrer sich beißt:
Ali und Umar, sie wurden vermischt.
Beide die Fürsten vereinigt ein Thron,
sind wie in einem Gewande vermischt.
Nacht der Bestimmung erschien wie ein Fest,
wurden doch Engel und Menschen vermischt,
Lehrten die Sprache einander sich,
wurden, zwei Wesen, ohn' Weigern vermischt.

Seele des Alls und was aus ihr entsprang,
wurden wie Vater und Kinder vermischt.
Gut, Bös, Feucht, Trocken entsprangen ins Sein,
weil man das Gute mit Bösem vermischt.
Ich will nun schweigen, du lerne den Rest:
Dieses Gebild ward mit jenem vermischt.
Schams, Deinem Lichte zu lieb ward mein Leib
brennendem Wachs gleich mit Flammen vermischt.

Das Mischen von Milch und Zucker ist ein in der persischen Poesie
häufiges Bild für den Koitus; und die folgenden Verse variieren das
Motiv der Verschmelzung, das vom Refrain her das ganze Ghasel be-
herrscht. Es geht um die Aufhebung der Gegensätze in der Einheit
Gottes, die die irdische Liebesvereinigung jeweils für selige Augen-
blicke vorwegnimmt. Rumi schreitet den Bereich irdischer Polaritäten
ab: Mann und Frau, Frühling und Herbst, Sunna und Schia (die
Schiiten verehren Ali [Kalif von 656 bis 661], stehen aber dem von
der Sunna hochverehrten Umar [Kalif von 634 bis 644] kritisch bis
ablehnend gegenüber), «beide die Fürsten» (hier mag – falls nicht
nochmals an Ali und Umar – an Chosrou und Schirin, das berühmte
Liebespaar aus königlichem Geblüt, gedacht sein), Menschen und
Engel. In Sure 97 wird die «Nacht der Bestimmung» (*lailat al-kadr*)
erwähnt: «Die Nacht der Bestimmung ist besser als tausend Monate,
hinabsteigen die Engel und der Geist in ihr mit ihres Herrn Erlaub-
nis.» Nach muslimischer Tradition brachte in dieser Nacht der Engel
Gabriel den Koran aus dem siebenten Himmel hernieder. Die säku-
lare Liebespoesie jedoch hat sich frühzeitig dieser Nacht bemächtigt
und sie zu einer beliebten Metapher für die Nacht der Liebesvereini-
gung gemacht. Doch die irdische Beiwohnung bringt als Zeugungsakt
immer neues Leben und damit neue Vielheit in die Welt.

Die Allseele, eine der obersten Emanationen des neuplatonischen
Kosmos, tritt in Funktion: Sie legt die Einzelseele in den Samen der
irdischen Väter und wird damit zum Vater aller Individualseelen. Das
Leben, die Natur, das irdische Sein entstehen durch die immer neue
Vermischung von Materie und Geist, Physis und Metaphysischem,
Bösem und Gutem. Erst die himmlische *unio mystica* wird darin be-
stehen, daß der Schatten im Licht, das Wachs in der Flamme aufgeht
und nur noch das Gute fortwährt.

101

Als ich zuerst vernahm, was man sagt, daß die Liebe sei,
Hab ich Herz, Seel' und Gesicht in den Staub ihres Weges
        gewühlt.
Liebender und Geliebter, so glaubte ich damals, sind zwei.
Nein, sie sind beide nur eins, – nur mein Blick hat geschielt!

102

Wenn einst des Freundes Ruf erschallt,
wirft er ein Feuer in die Welt,
zerschmettert diese schale Welt,
        daß sie wie Staub im Wind zerfällt.

Da wird die ganze Welt zum Meer,
das Meer aus Ehrfurcht sich verzehrt,
Nicht Adam bleibt noch Adamssohn,
        noch wer mit Adam gleichgestellt.

Ein Rauch bricht aus der Sterne Kreis,
nicht Mensch noch Engel vor ihm bleibt,
und aus dem Rauch ein Feuer treibt
        empor zum Höchsten Himmelszelt.

Da spaltet sich der Himmel weit,
es bleibt nicht Raum, es bleibt nicht Zeit,
es bleibt nicht Leid noch Totenkleid,
        nun, da der Liebe Fest bestellt.

Die Sonne selbst neigt ihr Gesicht
vor jenem Menschenseelenlicht.
Du frage da nach Fremden nicht,
        wo der Vertraute Stand nicht hält!

Mars sich begibt des Mannestums,
Jupiter auch verbrennt sein Buch,
Der Mond ist nicht mehr Herr des Ruhms,
    sein Frohsinn nicht das Feld behält.

Frau Venus hat nicht mehr den Mut,
zu spielen ihre Lieder gut,
Saturn verbrennt in Feuersglut,
    und Merkur in die Grube fällt.

Kein Regenbogen, kein Geschein,
es bleibt kein Becher, bleibt kein Wein,
kein Leben und kein Lustigsein,
    kein Schmerz, dem Salbe sich gesellt.

Das Wasser nicht mehr Zeichen lehrt,
der Wind nicht mehr die Wege kehrt,
der Garten nicht mehr Lust gewährt,
    die Wolke tränkt nicht mehr das Feld.

Nicht Schmerz ist mehr, noch Arzenei,
nicht Kläger noch, wer Zeuge sei,
Nicht Melodie mehr noch Schalmei,
    kein Ohr mehr, dem das Lied gefällt.

Die Welt versinkt in Gott hinein,
der Schenke reicht sich selbst den Wein,
die Seele ruft: «O Meister mein!»
    Das Herz mit Gott Zwiesprache hält.

Die Wahrheit ist als Licht erkannt,
alles, was unwahr, ist verbrannt,
der falsche Schein ist übermannt,
    da jenes Sein den Sieg behält.

Wahrheit ist Sonne, deren Licht
stets aus des Herzens Osten bricht.
Ihr Blitz auf Ibn Adham springt,
    auf Jesus, Sohn Marias, schnellt.

Steh auf! Der Maler Ewigkeit
ist wiederum zum Werk bereit,
zu zeichnen, was nicht mehr in Zeit
    sich wandelt noch im Raum zerschellt.

Was in mehreren Gedichten dieser Anthologie schon anklang (vgl.
besonders Nr. 82) – das Schwinden des gesamten Kosmos vor der Ge-
walt göttlichen Lichtes, das Ende der Welt, interpretiert als notwen-
dige Endstufe der göttlichen Manifestation –, wird nun in diesem Ge-
dicht zum zentralen, mit barocker Phantasie ausgemalten Thema.
Statt «Freund» heißt es im Originaltext «die liebende Seele» (*djân-i
'âshiq*). Die Wahl dieses Begriffes, der sich im deutschen Vers nicht
unterbringen ließ, könnte zunächst erstaunen. Doch er zielt ja, wie
wir nun bereits wissen, ebensosehr auf die Seele des gottsuchenden
Menschen wie auf den menschensuchenden Gott. Es ist, wie Vers 6
ausdrücklich feststellt, das Licht der Menschenseele (*nûr-i djân-i
âdamî*), dessen Befreiung aus der Materie das Ende eben dieser Ma-
terie bedeutet. Für die Befreiung der Einzelseele genügt die Vernich-
tung des Leibes, für diejenige der Allseele muß der gesamte Kosmos
vernichtet werden. So spricht Vers 2 vom Ende der Menschheit
einschließlich der Propheten, zu denen nach islamischer Auffassung
auch Adam zählt, wobei der Ausdruck «wer ihm gleichgestellt» (*bâ
Âdam zanad*) vielleicht besonders auf «den zweiten Adam» Christus
hinweist. Die folgenden Verse erzählen vom Untergang der Welt und
des Kosmos. Die in alle Geheimnisse der Schöpfung eingeweihte
Sonne, der schöne und heiter-selbstgefällige Mond, der kriegerische
Mars, der buchführende Jupiter (*mushtarî*, auch «Kunde»), die musi-
kalische Venus, der Unglücksbote Saturn und der hochgemute Mer-
kur: sie alle sind dem Untergang geweiht, gehen ihres Selbst verlustig,
was das Wortspiel «der Venus (*zuhra*) bleibt kein Mut (*zahra*), ein
fröhliches Stück zu spielen» noch besonders veranschaulicht. Wie
Falschgeld (*qalb*) wird all dies im Feuer der göttlichen Wahrheit zer-
schmelzen, jener Wahrheit, deren Licht heute schon in den großen
Heiligen – des Reimes wegen werden Jesus, Sohn der Marjam, und

der große persische Mystiker Ibrâhîm, Sohn des Adham (sprich Ad-ham), genannt – blitzartig aufleuchtet. Der Endzustand aber wird un-vergänglich sein: Die Seele und Gott in ewigem Zwiegespräch, der Schenke, der sich selber den Wein reicht. Der Schlußvers unserer Übertragung ist im Urtext der drittletzte.

103

Wir sind von oben her, empor wir gehen.
Wir sind vom Meere und zum Meer wir gehen.
Wir sind von diesem nicht noch jenem Ort,
von Ohne-Ort zu Ohne-Ort wir gehen.
Das *lâ ilâh* strebt hin zum *illâ llâh*;
Gleich wie das *lâ* zum *illâ* hin wir gehen.
«Sprich: Kommt herbei!» – das ist der Wahrheit Sog:
Im Sog der Wahrheit hin zu Gott wir gehen.
Wir sind die Arche in des Geistes Flut;
kein Wunder, daß ohn' Kopf und Fuß wir gehen.
Der Welle gleich erheben wir das Haupt,
und wieder in uns ein zur Schau wir gehen.
Der Weg der Wahrheit gleicht dem Nadelöhr,
als Faden unzerteilt hindurch wir gehen.
Denk an die Weggenossen und ihr Rasten nur,
dann weißt du, daß wir unermüdlich gehen.
Du kennst das Wort: «Wir kehrn zu Ihm zurück!»
So ist dir kund, zu welchem Ziel wir gehen.
Unser Gestirn ist nicht im Lauf des Monds;
Weit über Plejas' Glanz hinaus wir gehen.
Ein hohes Streben ist in unserm Haupt:
Von Ali fort zum Höchsten Herrn wir gehen.
Sprich nicht! Sei still und folge uns!
Eifersucht macht, daß außer uns wir gehen.
O unser Sein, verleg uns nicht den Weg,
da hin zu Anka und zu Kaaf wir gehen.

Hatte im vorigen Gedicht der Echoreim *zanad* = «schlägt» (in der Übertragung lassen sich die vielerlei Bedeutungen dieses persischen Verbums nicht nachahmen) den Ton angegeben, so bildet in diesem das Wort *mîrawîm* den Grundklang: «wir gehen». Das kann bei Rumi nichts anderes heißen als: Wir gehen zum Ursprung, zum Urgrund des Seins. Diese einfache und bekannte Aussage wird in obigem Gedicht wieder mit einer Reihe von Bildern illustriert und mit heiligen Formeln untermauert. Da ist zunächst die erste Hälfte des muslimischen Glaubensbekenntnisses: «Es gibt keine Gottheit, wenn nicht Gott!» Für den Mystiker bedeutet das: Es gibt nichts wahrhaft Seiendes außer Gott. Der Mensch lebt in der Negation des «kein Gott», solange Gott ihm unzugänglich ist, und er strebt hin zur Negation dieser Negation, d. h. zu Gott selber. Das hier anklingende monistische Thema wird im nächsten Vers durch eine Anspielung auf den Koran weiter vertieft: «Sprich: Kommet her, verkünden will ich, was euer Herr euch verboten hat: ihr sollt ihm nichts an die Seite stellen...!» (Sure 6,152) Zwar folgen hier im Koran eine Reihe von Verordnungen für mitmenschliches Verhalten; sie alle aber stehen unter der Überschrift: «Keine Gottheit außer Gott!» Vielmehr soll der Mystiker wie eine Arche durch die Sintflut der Schöpfung – denn das ist mit Flut des Geistes (*rûh* = pneuma) hier offensichtlich gemeint – fahren, so als hätte er weder Kopf noch Fuß, weder Glieder noch Gedanken, sich in das geschöpfliche Sein zu verstricken. «Ohne Kopf und Fuß» ist eine von Rumi und anderen Mystikern mit Vorliebe gebrauchte Formel, z. B. auch im Zusammenhang mit dem Rausch oder dem Bild von dem Polospieler und der seinem Schlägel willenlos folgenden Kugel. Die Formel deutet freilich immer auch auf die grausig-monumentale Realität des verstümmelten Hallâdsch hin, dem Hände und Füße abgeschlagen wurden und schließlich nach seiner Hängung auch der Kopf und der diese Martern bis zum Tode freudig über sich ergehen ließ. Sie ist also in jedem Fall Bild einer völligen Losgelöstheit von allem Irdischen.

Und nochmals wird der Koran zitiert: «Wahrlich, wir sind Gottes, und zu ihm kehren wir zurück!» (Sure 2,151) Das schlichte Wort hat durch den Kontext wieder die großen mystischen Dimensionen angenommen. Das Ziel ist der Höchste, vor dem das Irdische verblassen muß, wie hoch und glanzvoll auch immer es sei: der mondschöne Geliebte, der von den Schiiten hochverehrte Ali (der Name bedeutet «Hoch») und das eigene Ich. Für die Entschlüsselung der im Eingangsvers verschlüsselten Wortspiele verweise ich auf meinen Artikel «Speech is a Ship», S. 61.

Heut' nacht, o Freund, sind wir bei Dir zu Gast.
Was Nacht! Stets sind wir Dein in Hast und Rast!
Wo wir auch weilen, wo wir eilen hin,
wir stehn am Tisch, den Du gedeckt uns hast.
Wir sind das Werk, das Deine Hand erschuf,
Du hegst und speisest uns durch Fest und Fast.
Wir sind die Tauben Deines Taubenschlags,
was unser Flug umkreist, ist Dein Palast.
«Wo ihr auch seid, kehrt euch zum Heiligtum!»
Dein Geist erscheint in unsers Herzens Glast.
Stets trägst Du Zeichen ein in unserer Brust,
wir sind das Blatt, drauf Du Dein Lied verfaßt.
Geschützt sind wir vor Wegelag'rers List,
denn unser Gold ist Deines Schreines Last.
Die gold'ne Himmelskugel tanzt durch uns,
wenn Du als Schlägel uns in Händen hast.
Doch ob wir Schlägel oder Kugel Dir,
Glück ist uns dies: Du bist mit uns befaßt!
Und Moses Wunder, Deiner Macht Beweis
sind wir als Schlange wie als knorr'ger Ast.
Als Ast erblühn wir, wo man Dein sich freut,
als Schlange drohn wir Tod dem, der Dich haßt.
Sei Du der Schmied, wir sind Dein Blasebalg!
Schließ oder öffne uns, wir sind gefaßt!

Noch einmal wird hier die enge Beziehung zwischen Liebendem und
Geliebtem, zwischen Mensch und Gott in anschaulichen Bildern vor
Augen geführt: Allmacht und Allgegenwart, aber auch liebende Für-
sorge auf seiten Gottes, Hingabe, Abhängigkeit, aber eben dadurch
auch kosmische Mächtigkeit von seiten des Menschen. Die korani-
sche Anweisung, überall in der Welt beim Beten nach Mekka zu
blicken – eine rein rituelle Vorschrift also –, wird im tieferen mysti-
schen Sinn gedeutet: Leben als ständiger Gottesdienst ist der Schlüs-

sel für die Möglichkeit, Gott jederzeit wie einen Geist – der Text sagt «Peri» – mit dem «Glas» des Herzens herbeizurufen. Das Wort «Glas» (*zudjâdja*) spielt auf den berühmten Lichtvers des Korans an: «Gott ist das Licht des Himmels und der Erde, sein Licht ist gleich einer Nische, in der sich eine Lampe befindet; die Lampe ist in einem Glase, und das Glas gleicht einem flimmernden Stern...» (Sure 24,35). Das Herz ist also die Lampe, in der das göttliche Licht brennen soll. Brennt es tatsächlich darin, so trifft auch das zu, was Rumi in den weiteren Versen zu sagen hat, so wird der Mensch jenes kosmische Wesen, dessen Preis auch der nächste Vierzeiler singt. (Zu Moses Wunder vergleiche Nr. 62.)

Der Leser möge verzeihen, daß das Wort «Glas» aus Reimnot hier durch «Glast» wiedergegeben wurde. Der Sinnzusammenhang schien uns diese dichterische Freiheit zu rechtfertigen.

105

Das Schatzhaus der Geheimnisse von Gott erdacht sind wir.
Des grenzenlosen Ozeanes Perlenschacht sind wir.
Das Wesen, das vom Fisch zum Mond die Welt entfacht,
       sind wir.
Die Inhaber des Herrscherthrons der höchsten Macht sind wir.

Mit «Fisch» ist hier jener im Kommentar zu Nr. 34 erwähnte mythische Fisch gemeint, auf dem der Stier steht, der die Erde trägt. «Vom Fisch bis zum Mond» (*az mâhî tâ mâh*) ist im übrigen ein beliebtes persisches Wortspiel.

106

Dies alles ist Symbol und es bedeutet,
daß jene Welt in diese unverwandt kommt.
Gleichwie der Rahm ins Innerste der Milch,
was ohne Raum, in Raum und Zeit gebannt kommt.
Gleichwie Vernunft inmitten Mark und Haut,
das Zeichenlose an der Zeichen Wand kommt.
Und jenseits der Vernunft die tolle Liebe,

der Wein, der aus des schmucken Schenken Hand kommt.
Und jenseits noch der Liebe das, wovon
nicht mehr sich sagt, als daß es unerkannt kommt.
Man könnte mehr noch sagen, wäre nicht
zu fürchten, daß die Eifersucht in Brand kommt.
So schweig ich denn, da ob des dunklen Worts
der Ketzer-Häscher Rotte schon gerannt kommt!

Obige Verse bilden den Abschluß eines längeren Ghasels von 18 Versen, worin Rumi sein Lieblingsthema, das Kommen des Seelenfreundes, als ein metaphysisches Ereignis mit einer Reihe uns zumeist schon vertrauter Metaphern beschreibt und ihm mit Hilfe des Echoreims *âyad hamî* = «kommt ständig» eine durchgehende Dynamik verleiht. Die Duft-Metapher steht im Vordergrund: der Duft des Gartens, der Duft des Freundes, der Duft des Brotes aus der Seelenküche und schließlich der Duft der Seele werden genannt und zeigen Rumis Denken in Analogien, bei dem sich die ontologischen Ebenen verschränken. Dann ist von einer Karawane die Rede, die sich aus der Welt des Unsichtbaren (*ghaib*) in die Welt des Sichtbaren (*'ain*) bewegt (Vers 9). Damit ist schon das Thema des Schlusses angedeutet, der aus den aneinandergereihten Bildern die Summe zieht, eine Summe, die sich auf Rumis Weltsicht und seine dichterische Weltdeutung überhaupt anwenden läßt. Die Eifersucht, von der im vorletzten Vers die Rede ist, ist die göttliche, denn Gott wacht eifersüchtig über seine Geheimnisse; die Ketzerhäscher, wörtlich die «Wächter über den Wahn», also den Unglauben, sind die Legalisten, denen diese Geheimnisse verborgen bleiben, aber eben darum anstößig und verdächtig erscheinen –: ein Dorn im Auge.

Eine Übersetzung und Erläuterung des ganzen Ghasels findet sich in meinem Aufsatz «Dies alles sind Symbole», s. Bibliographie.

Anmerkungen zur Einführung

1 A. J. Arberry: Discourses of Rumi, London 1961, S. 4.
2 Nicholson vermutet 1247, vgl. Arberry: Discourses, S. 6.
3 Nach dem persischen Text, publiziert von H. Ritter in seinem
  Aufsatz «Maulânâ Ğalâladdîn Rûmî und sein Kreis», in: Der
  Islam 26/1942, S. 123.
4 Vgl. R. Gramlich: Die Wunder der Freunde Gottes. Theologien
  und Erscheinungsformen des islamischen Heiligenwunders, Stutt-
  gart 1987.
5 Die Entfernung von Konya bis Medina beträgt 1500 km!
6 Al-Aflâkî, Manâqib al-’ârifîn (Hrsg.): Tahsin Yazici. Türk Tarih
  Kurumu Yayinlari III. Dizi Sa. I, 336, Nr. 261; Übersetzung: Cl.
  Huart: Les Saints des Derviches Tourneurs, Paris 1918–22, I,
  171, Nr. 162.
7 J. Schacht: Art. «Sharî‘a», in: Handwörterbuch des Islam, hrsg.
  von A. J. Wensinck und J. H. Kramers, Leiden 1941.
8 Dîwân-i Hâfiz, hrsg. von M. Qazwini und Q. Ghani, Teheran
  1320 H. š., Nr. 307, Vers 2–3; Übersetzung in: J. C. Bürgel: Drei
  Hafis-Studien, Bern 1975.
9 Phaidros, Kap. 22–38.
10 Nr. 69, Verse 3–4; vgl. zu dieser Thematik auch «Verstand und
   Liebe bei Hafis», in· J. C. Bürgel· Drei Hafis-Studien 43–54
11 Zu Philon vgl. z. B. B. Schaller, Art. «Philon von Alexandreia»,
   in: Der Kleine Pauly. Lexikon der Antike, Bd. 4, S. 772–776.
12 Nach I. Goldziher: Die Richtungen der islamischen Koranausle-
   gung, Leiden 1920, S. 227.
13 Vgl. unten Kommentar zu Nr. 12.
14 Vgl. A. Schimmel: Ich bin Wind und du bist Feuer. Leben und
   Werk des großen Mystikers, Köln 1978, S. 141.
15 Vgl. ebda., S. 47–68.; J. C. Bürgel: The Feather of Simurgh. The
   «Licit Magic» of the Arts in Medieval Islam, New York 1985,
   S. 53–88.
16 L. Massignon: Essai sur les origines du lexique technique de la
   mystique musulmane, Paris 1922, S. 235.

17 Nach I. Goldziher: Die Richtungen (wie oben Anm. 12), S. 185.
18 Nach H. Ritter: Das Meer der Seele. Mensch, Welt und Gott in den Geschichten des Farîduddîn ʿAṭṭâr, Leiden 1955, S. 479; das Zitat stammt aus den «Mekkanischen Eröffnungen» (al-Futûhât al-makkîya).
19 Obige Darstellung basiert auf dem ersten Kapitel der Fusûs al-hikam des Ibn ʿArabî, arabischer Text hrsg. von Abu l-ʿAlâ ʿAfîfî, Kairo 1946 (Ǧamâʾat ihyâʾ al-falsafa).
20 Man vergleiche den Artikel von R. A. Nicholson «al-insân al-kâmil» im Handwörterbuch des Islam. Wer sich tiefer in die Materie hineinlesen will, dem sei das grundlegende und faszinierende Werk von Henry Corbin: «L'imagination créatrice dans le soufisme d'Ibn 'Arabi», Paris 1958, empfohlen.
21 Vgl. unten Nr. 105.
22 Dîwân, hrsg. von Furûzânfar, Nr. 570, 8; vgl. unten Nr. 4.
23 Vgl. dazu J. C. Bürgel: Lautsymbolik und funktionales Wortspiel bei Rumi, in: Der Islam 51/1974, S. 261–268, und ders.: «Speech is a Ship and Meaning the Sea». Some formal aspects in the ghazal poetry of Rumi, in: A. Banani, R. Hovannisian/G. Sabagh (Hrsg.): Poetry and mysticism in Islam. The heritage of Rumi, Cambridge 1994, S. 44–69.
24 Dîwân 1639, vgl. unten Nr. 92.
25 Vgl. unten Nr. 94.
26 Die arabisch-persische Rhetorik nennt diese Figur *tauriya* = «Verhüllung».
27 Vgl. meine Anthologie: Dschaluddin Rumi, Traumbild des Herzens. Hundert Vierzeiler, Zürich 1992.
28 Es sei hier u. a. auf das Buch von Herbert Kessler: Das schöne Wagnis, Mannheim o. J., verwiesen.

Literaturhinweise

Als Textgrundlage für die Übertragungen aus dem *Dîvân-i Shams-i Tabrîz* diente die von B. Furûzânfar in 10 Bänden herausgegebene Ausgabe, Teheran 1957 ff.

1. Übertragungen von Schriften Rumis

Arberry, Arthur John: Mystical Poems of Rûmî. First Selection. Poems 1–200, Chicago 1968.

–: Mystical Poems of Rûmî. Second Selection. Poems 201–400, Boulder, Colorado 1979.

–: Discourses of Rûmî, London 1961.

–: The Rubâ'îyât of Jalâl al-Dîn Rûmî, London 1949.

–: Tales from the Masnawi, London 1963.

Bürgel, Johann Christoph: Rumi, Dschalaluddin. Traumbild des Herzens. Hundert Vierzeiler, Zürich 1992.

Nicholson, Reynold Alleyne: Selected Poems of the Dîwâni Shamsi Tabrîz, Cambridge 1952.

Rosen, Georg: Mesnewi oder Doppelverse des Scheich Mewlana Dschelal-ad-Din Rumi, Leipzig 1849.

Rosenzweig-Schwannau, Vincenz von: Auswahl aus den Diwanen des größten mystischen Dichters Persiens, Wien 1838.

Rückert, Friedrich: Östliche Rosen. Drei Lesen, Leipzig 1822.

Schimmel, Annemarie: Maulana Dschelaluddin Rumi. Aus dem Diwan, Stuttgart 1964.

–: Von Allem und vom Einen. München 1995.

–: Das Mathnawi. Augewählte Geschichten, Basel 1994.

Vitray-Meyerovitch, Eva de: Mawlânâ Djalâl-od-dîn Rûmî. Odes mystiques (Dîvân-e Shams-e Tabrîzî), 1973.

–: Djalâl-ud-Dîn Rûmî. Le livre du Dedans. Fîhi mâ fîhi, Paris/Teheran 1975.

2. Sekundärliteratur

Bürgel, Johann Christoph: Lautsymbolik und funktionales Wortspiel bei Rumi, in: Der Islam 51/1974, S. 261–81.

–: «Speech is a Ship and Meaning the Sea». Some formal aspects in the ghazal poetry of Rumi, in: Amin Banani, Richard Hovannisian und Georges Sabbagh (Hrsg.): Poetry and mysticism in Islam. The heritage of Rumi, Cambridge 1994, S. 44–69.

–: Extasy and Control. Two Structural Principles in the Ghazal Poetry of Jalal al-Din Rumi, in: Leonard Lewisohn (Hrsg.): The Legacy of Medieval Persian Sufism, London/New York 1992, S. 61–74.

–: «Dies alles sind Symbole». Zu einem Ghasel von Rumi und zwei thematisch verwandten Gedichten von Ibn al-'Arabî, in: Angelika Neuwirth (Hrsg.): Das Ghasel/the Ghazal.

Chittick, William C.: The Sufi Path of Love. The spiritual teachings of Rumi, Albany, New York 1987.

Ethé, Herrmann: Der Çufismus und seine drei Hauptvertreter. Vorzugsweise Dschelâleddin Rûmi, in: Ders. (Hrsg.): Morgenländische Studien, Leipzig 1870, S. 95–124.

Keshawarz, Fatemeh: Reading Mystical Lyric. The Case of Jalal ad-Din Rumi, Columbia 1998.

Lewis, Frank D.: Rumi: Past and Present, East and West. The life, teaching and poetry of Jalâl al-Din Rumi, Oxford 2001.

Richter, Gustav: Persiens Mystiker Dschelal-Eddin Rumi. Eine Stildeutung in drei Vorträgen, Breslau 1933.

–: On Rumi's Didactic Poetry, in: Transcendent Philosophy, 2–3/2001, S. 15–34 (engl. Übersetzung des vorausgehenden Titels).

Ritter, Hellmut: Maulana Calaladdin Rumi und sein Kreis, in: Der Islam 26/1942, S. 116–158 und 221–249.

Schimmel, Annemarie: Rumi. Ich bin Wind und du bist Feuer. Leben und Werk des großen Mystikers, Köln 1978.

–: The Triumphal Sun. A Study in the Works of Jalaloddin Rumi, London 1978.

–: Rumi. Meister der Spiritualität, Freiburg i. Br./Basel/Wien 2001.

Vitray-Meyerovitch, Eva de: Mystique et poésie en Islam. Djalâl-ud-Dîn Rûmî et l'ordre des Derviches tourneurs, Paris 1972.

Inhaltsübersicht

1. Nach den Gedichtanfängen

2. Nach den Nummern der persischen Ausgabe

a) Ghaselen

16: 81	600: 19	1344: 51
15: 84	648: 52	1474: 58
25: 82	684: 67	1499: 63
41: 88	685: 46	1553: 57
108: 97	709: 98	1559: 90
214: 53	731: 2	1562: 49
232: 69	768: 48	1564: 96
260: 54	810: 100	1565: 77
292: 13	832: 14	1568: 72
297: 6	833: 94	1569: 41
349: 32	835: 21	1639: 92
362: 83	840: 62	1673: 104
364: 80	863: 89	1674: 103
365: 42	864: 5	1677: 25
372: 35	884: 3	1813: 34
525: 12	887: 40	1832: 60
378: 93	890: 39	2010: 45
527: 102	911: 95	2041: 87
528: 79	923: 16	2050: 85
529: 33	981: 1	2094: 65
532: 68	985: 47	2097: 71
537: 17	1004: 76	2100: 74
569: 7	1092: 28	2343: 26
570: 4	1295: 59	2895: 64
575: 10	1336: 44	2897: 106

b) Vierzeiler (Rubâ'îs)

12: 38	250: 50	838: 99
19: 36	521: 43	923: 27
127: 61	546: 9	1005: 20
145: 31	618: 18	1076: 86
171: 15	622: 55	1082: 37
220: 73	629: 91	1142: 70
227: 22	794: 30	1161: 29

Quellennachweis

Die erste Zahl nach dem Doppelpunkt ist die Nummer des betreffenden Ghasels bzw. Vierzeilers (R = Rubâʿî) in der Ausgabe von Furûzânfar, Teheran 1336–1340 h. sh. (= 1958–1962). Die weiteren Zahlen bezeichnen die übertragenen Verse des Originals. Die Zahl in Klammern schließlich gibt die Gesamtverszahl des jeweiligen Gedichtes an. Bei vollständig übertragenen Ghaselen ist nur die Nummer des Gedichtes angegeben.

1: 981
2: 731, 1–6 (9)
3: 884, 11–13 (15)
4: 570, 1–4, 6–8 (9)
5: 864, 1, 3–8, 11, 9–10, 12–13 (16)
6: 297, 1–7, 9–11 (11)
7: 569
8: R 1255
9: R 546
10: 575
11: R 1988
12: 525, 1–4, 6–7, 9–12 (12)
13: 292
14: 832, 1–2, 4–6 (7)
15: R 171
16: 923, 1–7, 10–11, 13–14 (14)
17: 527, 1–8, 11 (11)
18: R 618
19: 600, 1–3 (11)
20: R 1005
21: 835, 1, 3–8 (9)
22: R 227
23: R 1753
24: R 1880
25: 1677

26: 2343, 1–2, 4–7, 9 (9)
27: R 923
28: 1092
29: R 1161
30: R 794
31: R 145
32: 349
33: 529, 1–6, 8–9 (9)
34: 1813
35: 372, 1–2, 5–6, 3–4, 13, 15 (15)
36: R 19
37: R 1082
38: R 12
39: 890,4–7 (7)
40: 887, 6–12 (15)
41: 1569
42: 365,1–3 (9)
43: R 521
44: 1363, 1–6, 8 (8)
45: 2010, 1–4 (5)
46: 685, 1–7 (8)
47: 985, 1–3, 9–10, 14–15 (15)
48: 786
49: 1562, 1–8 (9)
50: R 250
51: 1344
52: 648, 1–3, 4–7 (7)
53: 214, 1–4, 6, 5, 7–13 (13)
54: 260, 1–10 (16)
55: T 622
56: R 1355
57: 1553, 1–8, 11–12 (14)
58: 1474
59: 1295
60: 1832
61: R 127
62: 840, 1–4, 9–11 (12)
63: 1499
64: 2895
65: 2094
66: R 1370

67: 684, 1–8, 10 (10)
68: 532, 1–5, 7–9 (11)
69: 232, 1–3, 5–6, 9–10, 13, 18, 21 (21)
70: R 1142
71: 2097, 1–6, 8–12 (12)
72: 1568
73: R 220
74: 2100
75: R 1181
76: 1004
77: 1565, 1–8, 8–12 (12)
78: R 1281
79: 528, 1–8 (12)
80: 364, 1–4, 6–10, 13 (13)
81: 16, 1–4, 6–7, 9, 12–13 (13)
82: 25
83: 362
84: 15, 1–4, 6–8, 10, 13 (13)
85: 2050
86: R 1076
87: 2041, 1, 3, 6–9 (12)
88: 41,5–7 (10)
89: 863, 1–2, 4, 6–10, 12, 19 (19)
90: 1559
91: R 629
92: 1639, 1–2, 4, 6–7, 9, 10 (11)
93: 378, 1–4, 7 (7)
94: 833, 1–4, 6 (19)
95: 911
96: 1564
97: 108
98: 709, 1, 5–12, 14 (15)
99: R 838
100: 810, 1–2, 4–12 (12)
101: R 1246
102: 527, 1–4, 6–12, 14–15, 13 (15)
103: 1674, 1–11, 13–14 (14)
104: 1673, 1–6, 8, 10–13, 16 (16)
105: R 1299
106: 2897, 12–18 (18)